台州文獻叢書

台州叢書甲集

[清] 宋世犖 輯

一

上海古籍出版社

圖書在版編目(CIP)數據

台州叢書甲集/(清)宋世犖輯. —上海：上海古籍出版社，2013.12
(台州文獻叢書)
ISBN 978-7-5325-6897-0

Ⅰ.①台… Ⅱ.①宋… Ⅲ.①地方叢書—台州市—清代 Ⅳ.①Z122.553

中國版本圖書館 CIP 數據核字(2013)第 151238 號

台州文獻叢書
台州叢書甲集
(全四册)
〔清〕宋世犖　輯
上海世紀出版股份有限公司
上　海　古　籍　出　版　社　出版
(上海瑞金二路 272 號　郵政編碼 200020)
(1) 網址：www.guji.com.cn
(2) E-mail：guji1@guji.com.cn
(3) 易文網網址：www.ewen.cc
上海世紀出版股份有限公司發行中心發行經銷
上海中華商務聯合印刷有限公司印刷
開本 710×1000　1/16　印張 62.75　插頁 20　字數 630,000
2013 年 12 月第 1 版　2013 年 12 月第 1 次印刷
ISBN 978-7-5325-6897-0
Z·427　定價：380.00 元

《台州文獻叢書》編纂指導委員會

《台州文獻叢書》編纂委員會

《台州文獻叢書》諮詢委員會

主　任　陳高華

副主任　張湧泉

委　員（按姓氏筆劃爲序）

史晉川　吴秀明　林家驪

陳立旭　董　平　龔賢明

台州文獻叢書序

台州歷史源遠流長，文化底蘊深厚。世世代代生活在這塊富饒美麗土地上的人民，勤勞、質樸、向善，創造了富有個性又兼容並蓄的燦爛文明。歷史上幾次大規模的人口遷徙和文化傳播，更使台州文化兼得中原、江南兩地文化之長，既不失北方的粗獷、豪邁和奔放，又有江南水鄉的清麗、細膩和靈秀。在台州這片山海之間，儒、釋、道「三峰並峙」，圓融貫通，歷朝歷代文人才子輩出，名著佳作迭現。尤其在南宋時期，台州一度成爲都城臨安的輔郡，文風昌盛，贏得了「小鄒魯」的美譽。

回眸既往，歷史的滄桑與榮耀已被銘刻在歲月深處，而文化却深深熔鑄於台州人的血液之中，不斷傳承、凝練和創新。特别是改革開放以來，台州深厚的傳統文化與改革開放的時代精神相融合，進一步昇華，迸發出强大的精神動力。新時代的台州人，憑藉着自强不息的進取精神、和諧大氣的處事理念和兼收並蓄的開放胸懷，敢爲人先，艱苦奮鬥，創造了令人矚目的「台州現象」，更爲台州文化作出了新的生動詮釋。

歷史洪流奔湧向前，文化也在交融和激盪中不斷積澱和昇華，更成爲一座城市的精魂，成爲引導社會進步的羅盤。在台州發展新的實踐中，要進一步從傳統文化中汲取營養，並賦予新的時代精神，始終以文化凝聚力量，以文化服務民生，以文化提昇文明，以文化彰顯城市的品質和内涵。

台州區域文化是一座博大精深的寶庫，是歷史給予我們的饋贈。要加强發掘和保護，積極傳承與弘揚，不能將其遺忘，不能使其塵封於歷史。因而，編纂《台州文獻叢書》别具意義。台州的文化工作者多年精心耕耘，對卷帙浩繁的台州文獻典籍進行了梳理、歸集和闡釋，成就了這部台州文化巨製。這既是對台州歷史文脈的一次梳理，也是對台州文化的一次探究。叢書也爲我們打開了一扇大門，徐徐展開了台州壯麗的文化長卷，濃重的區域文化躍然紙上，更多的讀者可以從中瞭解台州、感受台州、讀懂台州。

讓優秀的歷史文化更好地服務當代，惠澤未來。

中共台州市委書記 吴蔚荣

廣志繹

〔明〕王士性　撰
朱汝略　點校

點校説明

《廣志繹》六卷，明王士性著。卷一《方輿崖略》，卷二《兩都》，卷三《江北四省》，卷四《江南諸省》，卷五《西南諸省》，卷六《四夷輯》（實缺）。

王士性，字恒叔，號太初，又號元白道人。台州府臨海縣（今浙江省臨海市）人。嘉靖二十六年（一五四七）生。三十一歲登萬曆五年（一五七七）進士第，六年（一五七八）任河南確山知縣，十一年（一五八三）内陞禮科給事中，十三年（一五八五）丁母憂回鄉守制。十六年（一五八八）内艱服闋，還吏科給事中。奉命典試四川，以觸時忌，外轉參粤藩。十七年（一五八九）奉命改廣西布政司參議。十八年（一五九〇）晉雲南瀾滄兵備副使。二十一年（一五九三）陞大理寺少卿；改河南提學，晉山東參政。二十二年（一五九四）調任河南副使，再調吏科給事中。二十三年（一五九五）晉太僕寺少卿，兼提督京營。復擢右僉都御史、巡撫河南。以不當辭而辭，外改南京鴻臚寺少卿，命掌管朝祭禮儀。二十六年（一五九八）終鴻臚寺少卿任上，年五十二。事迹附見《明史·王宗沐傳》。

史稱士性幼時貧而好學，冰雪聰明。及長，高才曠致。爲諸生，讀書過目成誦。性磊落不群，不治生産，家甚貧。隆慶己巳（一五六九），學使林某按台，首拔異等，以天下士目之。

既而遊學武林，「嘗以天地之英華不能鬱閟而不宣之物，而爲山川之人，而爲文章」。由是慕向子平爲人，有「小天下、狹九州」之概。（《康熙臨海縣志·王士性傳》。）「授確山知縣。按奸豪夙盜，悉置諸法。議四禮，以易鄙俗。徵授禮科給事中，首陳天下大計，言朝廷要務二，曰親章奏、節財用；官司要務三，曰有司文網、督學科條、王官考核；兵戎要務四，曰中州武備、晉地要害、北寇機宜、遼左戰功。疏凡數千言，深切時弊，多議行。疏言朝廷用人，不宜專取寄身緘默、緩急不足恃者。又嘗言河南北當設官募兵，隨地練習，以防意外。建言漕、河水利諸疏，極切時弊。」（光緒《台州府志·王士性傳》）。他從故鄉遊，再則學遊、宦遊，大江南北，三邊九陲，凡宦迹所在之名山大川，及途經之名勝古迹，足必親至。意氣淩霄，一官爲寄，天下九州履其八，所未到者閩耳（今福建武夷九曲，明代不屬福建省管轄）。諸名山自五岳而外，窮幽極險，凡一巘一洞，一草一木之微，無不精訂。他若堪輿所述、象胥所隸，千名百種，無不羅而致之筆劄之間。

士性初令確山，遊嵩岳；擢禮科給事中，遊岱岳、華岳、恒岳；及參粤藩，遊衡岳。此外遊名山以十數，經歷者十州。遊必有圖有詩，爲圖若記七卷、詩三卷，不盡於記與詩者爲《雜誌》二卷。而奠定其人文地理學家地位的是他的八萬言巨著《廣志繹》。關於王士性在人文地理學方面的巨大成就和《廣志繹》一書的重要價值，今人譚其驤、周振鶴、徐建春等已給予高度評價，人們已公認他是有史以來中國最偉大的人文地理學家。他與徐霞客截然不同，王士性是諸葛孔明所謂上知天文、下通地理，秉承文王、周公、孔子三聖人衣缽，以「易」治國平天下之經世良才、學問家，在三教九流中屬於道家、陰陽家、術數家、玄學家。其爲沈貞孺作《周易沈氏日鈔序》說：「惟大易闡天、地、人三才之秘，逆百代之下，舉天地日月寒暑草木魚蟲之變，咸不得匿焉。」總而言之，今天我們所說的王士性的人文地理學屬於社會科學，而徐霞客的地理學除有關人文載記外，基本上都屬於自然科學。徐霞客是「探山水個究竟」的探險家，王士性則是「理天下個頭緒」的地理學家。正如宋世犖《重刻廣志繹序》所說：「吾邑前明王恒叔太僕士性，三生慧業，一代名流……而以《廣志繹》一書爲最。……而乃搜羅往事，詢訪時宜，燭險怪如犀燃，瞭川原如螺指。舉凡關河扼要，風氣遷移；既縷析而條分，要事賅而理舉。迥非耳食，鏡懸興廢之由；漫付談資，轡攬澄清之志。進百家而挹注，漏鄙玉卮；啟三篋而傳鈔，溲同金粉。以視鏤冰剪綵，鋪張一夕之登臨，片羽零璣，掇拾五方之志乘者，相去豈可以道里計耶？」

《廣志繹》一書，於《五岳游草》、《廣游記》以外追繹舊聞，以補未及。凡山川險易、民風物産之類，巨細兼載，亦間附以論斷。首爲方輿崖略，次兩都，次諸省，附以雜誌。戚學標《台州外書》說：「《游草》記山水勝境，此書則兼志山川形勝、要害、河海運道及五方人情土物，尤爲有益經世之學，非但緒餘足供多識而已。乃恒叔晚年之作。」有萬曆丁酉（一五九七）馮夢禎序及王自序，但在明代實未鐫板。書共六卷，第六卷《四夷輯》，刊書時已有所顧忌，故抽出未刻。另有《黔志》一卷，《豫志》一卷，覈其所載，各爲《廣志繹》中之一篇（《四庫全書總目提要》云出《五岳游草》，誤），乃書賈摘出，别玄此名。此二篇均爲曹溶摘入《學海類編》。《廣志繹》、《黔志》、《豫志》，見《四庫全書總目提要》卷七八存目。

本次點校，以嘉慶二十二年（一八一七）臨海宋世犖開雕《台州叢書》甲集所收《廣志繹》爲底本。《台州叢書》一名《名山堂叢書》，乃宋氏分俸所刊，首開浙江刊刻地方叢書之先河。宋世犖（一七六五—一八二一），字卣勳，號确山，浙江臨海人。爲朱珪所器，引置門下。乾隆五十三年（一七八八）舉人，補咸安宫教習，選福建大田知縣，調補陝西扶風知縣，多善政，以廉潔著稱。因病回鄉時「惟藏書萬餘卷，金石彝鼎而已」。與王引之、洪頤煊、戚學標友善。精研古義，考訂經史，兼工詞翰。工書，筆墨瘦勁，尤擅行草。於鄉邦文獻最爲留心，輯《台詩三録》、《臨海補志料》。撰《确山駢體文》、《湋川詩徵》、《台郡識小録》、《紅杏軒詩鈔》、《周禮故書疏證》、《儀禮古今文疏證》、《詁經文字古義通釋》、《古銅爵書屋金石文》、《愚得筆記》、《西域風俗記》等。年五十七卒於家。光緒六年（一八八〇）津門徐士鑾補刊《确山所著書》，上海圖書館有藏本。郭協寅（一作叶寅，叶音義同協），字沧洲，號石齋，晚號清譚逸叟，浙江臨海人。嘉慶間諸生。好聚書，家貧無力購書，從同鄉宋世犖、陳淞等人借抄數百種，喜收集鄉邦先哲文獻，搜羅宏富，出洪頤煊、宋世犖二家之右。著成《台州述聞》，網羅州中遺聞軼事甚詳。初建「靈溪山館」，邀諸名士題詠，積成卷軸收藏。後又建「茹古閣」、「八磚書庫」、「八乾精舍」，爲貯書之所，藏書數百種。宋世犖刊刻《台州叢書》，所無之書則求之於郭。藏書編有《八磚書庫目録》四卷，已佚。編著另有《郭氏遺芳集》、《台州書畫識》、《台州金石録》、《郭氏詩綜》、《石齋文稿》等。

宋世犖所刻依據的是自己早年的鈔本，并取同邑郭協寅鈔本互校，是綜合各本之长的一個善本。關於原刻本的來歷，據曹溶序及原刻書者楊體元康熙丙辰（一六七六）菊月序所言，楊解組至禾，即命之梓（康熙《臨海縣志·王士性傳》云析津楊體元刻其佚稿《廣志繹》六卷於武林）。楊序云《廣志繹》書成，王士性寄屠隆（號赤水）作序，「未竟而先生捐館」，此書遂流落，爲四明楊齊莊所得。楊體元當時曾鈔録二本，一自藏，一付王氏諸孫。後藏本因戰亂失去。康熙丙辰刻本係後來從同學李懷岵藏本過録。楊體元付梓時以《游草》内《雜志》二篇有《廣志繹》所未備者，並附梓之。宋世犖刻本以此帙係楊體元附梓，本非原書所有，且康熙間邑人馮甦已刻入《五岳游草》，台中現有藏版，故予删去。而楊刻所附《雜誌》（國家圖書館藏本、中華書局新版《廣志繹》以此爲底本。下統稱楊刻《廣志繹》及所附《雜志》爲「楊刻本」）明顯劣於馮甦刻本《五岳游草》内《雜志》二篇，故仍取臨海博物館所藏馮甦刻本《五岳游草》内《雜志》二篇附後。又取楊刻本爲對校，異於底本而有參考價值者及與《史記》、《明史·地理志》等典籍不同者，概出「校勘記」説明之。

《附録》各篇有的採自丁伋、梁光軍二先生《王士性研究資料》（徐建春、梁光軍《王士性論稿》引用），同時又參考了中華書局先後出版的吕景琳、周振鶴先生點校本，在此謹致謝意。

點校者　二〇一二年八月

目録

重刻廣志繹序

吾邑前明王恒叔太僕士性，三生慧業，一代名流，百氏暢其咀含，五岳恣其游覽，胸羅丘壑，唾落煙雲，莫不卓卓垂今，駸駸入古，而以《廣志繹》一書爲最。夫以太僕名門秀毓，朝籍早通，宦跡幾遍於寰中，雅尚夙超夫物表。向子平尚牽婚嫁，便起遐心；謝靈運偶現宰官，未忘結習。幽巖絕壑，支筇獨往之時；通邑大都，傾蓋高譚之會。合勝情與勝具，千山爭迓星輿；話某水與某丘，一生半經雨屐。因而擘窠作字，拂壁題詩，續《招隱》之吟，葺漫游之録，固其所也。而乃蒐羅往事，詢訪時宜，燭險怪如犀燃，瞭川原如螺指。舉凡關河扼要、風氣遷移，既縷析而條分，要事賅而理舉。迥非耳食，鏡懸興廢之由；漫付談資，轡攬澄清之志。進百家而挹注，漏鄙玉卮；敵三篋而傳鈔，溲同金粉。以視鏤冰剪綵、鋪張一夕之登臨，片羽零璣，掇拾五方之志乘者，相去豈可以道里計耶？書梓於康熙丙辰，而流傳絕少，惟同邑洪筠軒司馬頤煊家有藏本。今筠軒遠宦粵東，乃取郭石齋秀才叶寅鈔本與余往歲鈔本互校一過，重付梓人。蟫蝕未埋，豕魚難免。狎鷗之莊安在，久歎蒿萊；印鴻之爪尚存，亟登梨棗。當亦一瓣所奉爲心香，九京所默爲首肯者乎？時嘉慶二十又二年歲在丁丑夏四月，文林郎陝西鳳翔府扶風縣知縣臨海宋世犖撰。

序[一]

香山楊子解天台之組至禾，手王太僕恒叔先生《廣志繹》六卷示余，將命之梓。余曰：是薈萃諸家，標新領異，有所寓焉而成是書也。古今志地者多矣，博通者考沿革，游覽者志巖壑，體道者愉悦性情之間，而探經世之大略，攬形勝、審要害以爲行師立國之本，圖志量不同，而有資於地一也。顧《括地》諸志，卷帙數百，窮年不能竟其業，而又雜採傳記，未嘗親履其境，不無彼此牴牾。以酈善長之精博，猶以震澤南從漸江入海，靈丘之爲雲、爲齊，西平之爲汝南、爲臨淮，混而一之，其他又何譏焉？太僕車轍滿天下，所未歷者七閩及殊方異域耳。所至搜考遺佚，風會、物産，一一詳覈。又父子兄弟累代卿貳，自襄裕公以來，敭歷中外，耳目濡染，已非一日。偶有綴述，自出尋常畦徑之表。是編也，在《五岳游記》、《廣游志》之後，楗關謝客，追繹舊聞而成之。若自託於鄱陽《隨筆》、相臺《桯史》之次，而邊徼阨塞、河淮侵奪、郡邑同異、賦税輕重，一切軍國大政悉數而不能終者，即在品騭山水、銓敘草木蟲魚之内，以待有心者之採擇，夫豈稗官説家之所能比絜耶？香山知所愛重而公諸世，亦非俗吏之用心也。是其性情術略，懸合於太僕者深矣。康熙十五年岁次丙辰中秋日，檇里曹溶題[二]。

【校勘記】

［一］一本將本序與以下各序置於宋序之前。

［二］楊刻本此行後有「曹溶私印」、「潔躬」二印。此款記爲底本原有，中華書局點校本云「台州本無此句」，未知何據。

刻廣志繹序

昔人謂：性好讀書，清福已具。歐陽子亦曰：物必聚於所好。故好書者往往得遇奇書。微獨福也，蓋前人著之而或傳或不傳者，後人得而讀之而且傳之，自有性情感召，不偶然矣。四明楊齊莊先生，博雅醇粹，藏書萬卷。一日示予一書，爲《廣志繹》，凡若干卷。曰：此赤城王恒叔先生所著未傳之書也。先生高才曠致，平生好游，有《五岳游草》，有《廣游志》，皆宦轍所至，耳目所睹記。其書已傳，世多有之。後居南鴻臚，追繹舊聞，復爲《廣志繹》。書成，郵寄屠赤水先生序，未竟而先生捐館矣，此書遂流落。四明楊齊莊先生得之，藏且有年。甲申秋，予攝篆奉川，屬以付梓。時南北用兵，天下雲擾，僅録二册，一自藏，一付王氏諸孫。丙戌兵變，竄徙草間，録本失去，每深惋惜，忽忽不自得。雖所蓄金石琴研[一]、書畫鼎彝愛玩珍重者，一時散亡，都不復念，獨念此書不置也。甲午游四明，遇同學李懷岵家藏是書，予輒喜過望，如見故人。請假録之，無論出處必攜，反覆校閲，即寒暑晦明，寢食憂喜無間也，若與恒叔先生同時商確焉。遍質之博雅君子，如曹秋嶽夫子、沈大匡先生、沈次柔、顧寧人、項東井諸同學，咸謂是書該而核，簡而暢，奇而有本，逸而不誣。其志險易要害、漕河海運、天官地理、五方風俗、九徼情形，以及草木鳥獸、藥餌方物、飲食制度、早晚燥濕、高卑遠近，各因時地異宜，悉如指掌。使經綸天下者，得其大利大害，見諸石畫，可以佐太平。即其緒論，亦足供王謝鹿主世犖案：當合作「麈」字，脫一字。有裨風雅。不似《齊諧》志怪、《虞初》小說、百家雜俎誕而不經、玉卮無當也。念是書當兵火之餘，得而失，失而復得，相去凡三十年於兹，而今日得壽諸剞劂以傳，不可謂非性情感召，不偶然也。夫誦詩讀書，古人謂之尚友，或亦予與恒叔先生有夙契哉！乙卯冬偶過天台，訪《廣游志》不可得，得《五岳游草》而卒業焉。内《雜志》一卷，有《志繹》所未備者，附梓於後，以傳先生未傳之書，併以副齊莊先生付託之意云。旹康熙丙辰菊月，析津楊體元題。

【校勘記】

［一］研：楊刻本作「硯」，音義同。

王恒叔廣志繹序

司馬子長曠世逸才，然必周行萬里，網羅見聞[一]，然後著爲《史記》。杜子美詩人冠冕，遭亂流離，三巴吳楚，游蹤頗闊，故曰「不開萬卷，不行萬里，不能讀杜詩」，良然。豈非名山大川足以滌人胸懷，發人才性，而五方謡俗、方言物産、仙蹤靈迹、怪怪奇奇，其於新耳目、廓拘蔽良有助焉？余友天台王恒叔才既高華，而宦轍幾遍天下，視子長、杜陵所到，不啻遠過之。諸名山自五岳外，探陟最廣，賦咏亦多。無論名山，即一巖洞之異，無勿搜也；一草木物産之奇，無勿晰也。他若堪輿所述、象胥所隸、輶軒所咨，千名百種，無不羅而致之几席之下、筆札之間。如《五岳游記》、《廣游志》，其大者。既改南鴻臚，閑曹無事，杜門却掃，追繹舊聞，復爲《廣志繹》六卷以示予。一《方輿崖略》，二《兩都》，三《江北諸省》，四《江南》，五《西南》，六《四夷輯》[二]。噫！備矣。恒叔自言：「他人所述，每每藉耳爲口，緣虛飾實；余言則否，皆身所見聞也。」余病餘寡營，因得卒業。意獨喜其叙山川離合、南北脈絡，如指諸掌。即景純所述、《青囊》所紀，勿核於此。至譚河漕、馬政、屯田、鹽筴、南北控禦方略，具有石畫，不爲危言。躍馬中原，攬轡關河，可謂有天下之志。此當不在史遷[三]、杜詩下，它則以資揮麈於稗官[四]，足解人頤，又其餘耳。萬曆丁酉初冬日，檇李馮夢禎序。

【校勘記】

〔一〕網：楊刻本作「罔」，音義同。

〔二〕夷：底本作「彝」，係清人因避諱改，現徑改回。下同例不再出校。

〔三〕史遷：楊刻本作「遷史」。

〔四〕塵於稗官：楊刻本「塵」下空一字。

自序[一]

余已遍海内五岳與其所轄之名山大川而游，得文與詩若干篇記之矣。所不盡於記者，則爲《廣游志》二卷，以附於説家者流。兹病而倦游，追憶行蹤，復有不盡於《志》者，則又爲《廣志》而繹之，前後共六卷。書成，自爲叙曰：夫六合無涯，萬期何息，作者以澤，量非一家。然而言人人殊，故談玄虚者[二]，以三車九轉，而六藝之用衰；綜名實者，尚衡石鑄刑書，而結繩之則遠；攬風雅者，多花間草堂，而道德之旨溺；傳幽怪者，喜蛇神牛鬼，而布菽之軌殊。無惑乎枘鑿不相入，而事本末未易言也。余志否否。足版所到，奚囊所餘，星野山川之較，昆蟲草木之微，皇宬國策、里語方言之賾，意得則書，懶則止。榻前杖底，每每追維故實，索筆而隨之。非無類，非無非類；無深言，無非深言。稗氏之家，其且有取於斯乎？總以六卷次之，一方輿崖略，二兩都，三江北諸省，四江南，五西南，六四夷輯。夫夷也而獨繫之以「輯」何？蓋天下未有信耳者而不遺目，亦未有信目者而不遺心，故每每藉耳爲口，假筆於書。余言否否，皆身所見聞也，不則，寧闕如焉。敢自附於近代作者之習乎哉？故不得之身而得之人者，猥以「輯」云爾矣。萬曆丁酉中秋日，天台山元白道人王士性恒叔識。

【校勘記】

〔一〕楊刻本本序列於目録之後。

〔二〕玄：底本作「元」，係清人避清聖祖玄燁諱改，現徑改回。下同例不再出校。

廣志繹卷之一

方輿崖略

方輿廣矣，非一耳目、一手足之用能悉之。崖略者，舉所及而識其大也。昔人有言：「州有九，游其八。」余未入閩，庶其近之哉。

僧一行謂：「天下河山之象，存乎兩戒。北戒自三危、積石，負終南地絡之陰，東及太華，逾河並雷首、底柱、王屋、太行，北抵常山之右，乃東循塞垣，至濊貊、朝鮮，是謂北紀，所以限戎狄也。南戒，自岷山、嶓冢，負地絡之陽，東及太華，連商山、熊耳、外方、桐柏，自上洛南踰江、漢，攜武當、荆山至於衡陽，東循嶺徼達東甌、閩中，是爲南紀，所以限蠻夷也。故《星經》謂：『北戒爲胡門，南戒爲越門。』河源自北紀之首，循雍州北徼[一]，達華陰而與地絡相會，並行而東，至太行之曲，分而東流，與涇、渭、濟瀆相爲表裏，謂之北河。江源自南紀之首，循梁州南徼，達華陽而與地絡相會，並行而東，及荆山之陽，分而東流，與漢水、淮瀆相爲表裏，謂之南河。」觀此，則南北山脈皆會於太華。

古今疆域，始大於漢，最闊於唐，復狹於宋，本朝過於宋而不及於唐。江南諸省，咸自漢武帝伐南越始通中國，而閩越、甌越、於越以次歸附，西粤則其西路進兵之地也。唐全有漢地，分天下爲十道、十五采訪使，南北萬里，東西萬七千里，州府三百五十八，縣一千五百五十一。又有通四夷羈縻路，一曰營州，入安東；二曰登州，海行入高麗、渤海道；三曰夏州，塞外通大同雲貴道[二]；四曰中受降城，入回鶻道；五曰安西，入西域道；六曰安南，通天竺道；七曰廣州，通海夷道。故東至安東，西至安西，共府、州八百五十六。宋北失燕、雲、山前、山後十五城於遼；西北失銀、夏、靈、鹽四城，甘、凉、鄯、廓七城於元昊；西失松、疊十一城於羌；西南失滇雲全省於段氏。本朝北棄千里之東勝，南棄二千里之交趾，東北棄五百里之朶顔三衛，西北棄嘉峪以西二千里之哈密。若元人兼有沙漠，六朝偏安江左，其廣狹又不在此内。

江南佳麗不及千年。孫吴立國建康，六代繁華雖古今無比，然亦建康一隅而止，吴、越風氣未盡開也。蓋萑葦澤國，漢武始易闇胷而光明之，爲時未幾。觀孫吴治四十三州十重鎮，並未及閩越，特附於宣州焉已。晉分天下十九州，吴、越、閩、豫，通隸揚州。唐分十二道，一江南東道，遂包昇、潤、浙、閩，一江南西道，遂包宣、歙、豫章、衡、鄂，豈非地曠人稀之故耶？至殘唐錢氏立國，吴越五王繼世，兩浙始繁。王審知、李璟分據，八閩始盛。然後宋分天下爲二十三路，江南始居其八焉，曰兩浙、曰福建、曰江南東、曰江南西、曰荆湖北、曰荆湖南，曰廣南東，曰廣南西，而川中四路不與焉。趙宋至今僅六七百年，正當全盛之日，未知何日轉而黔、粵也。

天下賦稅，有土地饒瘠不甚相遠者，不知當時徵派何以差殊。想國初草草未歸一也，其後遂沿襲之。如真定之轄五州二十七縣，姑蘇之轄一州七縣，毋論所轄，即其地廣已當蘇之五，而蘇州糧二百三萬八千石，而真定止十一萬七千石。然猶江南江北異也。若同一江北也，如河間之繁富，二州十六縣；登州之貧僿，一州七縣。相去星淵，而河間止糧六萬五千，登州乃糧二十三萬六千。然猶別省直異也。若在同省，漢中二州十四縣之殷庶，比臨洮二州三縣之沖疲，易知也。而漢中糧止三萬，臨洮至四十八萬。然猶各道異也。若在同道，順慶不大於保寧，其轄二州八縣，均也，而順慶糧七萬二千，保寧止二萬。然猶兩郡異也。若在共邑，則同一南充也[三]，而負郭十里，田以步計，賦以田起；二十里外，則田以組量，不步矣；五十里外，田以約計，不組矣。官賦無定數，私價亦無定期，何其懸也。惟是太平之時，民少壯老死，祖孫代易，耳目相安，以爲固然，雖有貧富輕重不等，不自覺耳。

東南饒魚鹽秔稻之利，中州、楚地饒漁，西南饒金銀礦、寶石、文貝、琥珀、硃砂、水銀，南饒犀、象、椒、蘇、外國諸幣帛，北饒牛、羊、馬、贏、羢氊，西南川、貴、黔、粵饒楩楠大木。江南饒薪，取火於木；江北饒煤，取火於土。西北山高，陸行而無舟楫，東南澤廣，舟行而鮮車馬。海南人食魚鰕，北人厭其腥；塞北人食乳酪，南人惡其羶；河北人食胡葱、蒜、薤，江南畏其辛辣。而身自不覺，此皆水土積習，不能强同。

潼關，陝西咽喉也，稱直隸潼關，而考覈屬屯馬直指。潁州，南直轄也，而潁州以隸河南。晃州以西，貴州地也，而清浪、偏橋以隸湖廣，黄平以隸四川。五開，楚轄也，而黎平以隸貴州。此皆犬牙相制，祖宗建立，自有深意。

江西建昌縣，不立於建昌府而立於南康；南康縣，不立於南康府而立於南安。又吉安有永豐，廣信又有永豐。至於安仁、崇仁，安義、崇義，南昌、新昌、都昌、瑞昌、廣昌、建昌、會昌，萬年、萬載、萬安之類，立縣之初，山川鄉鎮盡可采用，何必重疊乃爾？南直太平縣亦不立於太平府，而立於寧國。福建建寧縣亦不立於建寧府，而立於邵武。至於天下稱「太平」、「永寧」者，南直太平府，廣西又太平府、太平縣，台州府，寧國府，平陽府又皆有太平縣。雲南永寧府，貴州永寧州，吉安府、河南府、隆慶州又皆有永寧縣。銓選考課者最不便之。

天下府庫莫盛於川中。余以戊子典試於川，詢之藩司，庫儲八百萬。即成都、重慶等府，俱不下二十萬，順慶亦十萬也。蓋川中俱無起運之糧，而專備西南用兵故。浙中天下首省，余丁亥北上，滕師少松爲余言：「癸酉督學浙中，藩司儲八十萬，後爲方伯，止四十萬，今爲中丞，藩司言，今不及二十萬矣。」十年之間，積儲一空如此。及余己丑參藩廣右，顧臬使問自浙糧儲來，詢之，則云浙藩今已不及十萬藏也。廣右亦止老庫儲銀十五萬不啓，餘止每歲以入爲出耳。余甲午參藩山東，藩司亦不及二十萬之儲。庚辰入滇[四]，滇藩亦不滿十萬，與浙同，每歲取礦課五六萬用之。今太倉所蓄，亦止老庫四百萬餘，有事則取諸太僕寺。余乙未貳卿太僕時，亦止老庫四百萬，每歲馬價用不足，則取之草料。蓋十年間東倭西哱，所用於二帑者過二百餘萬故也。國初府庫充溢，三寶鄭太監下西洋，齎銀七百餘萬，費十載，尚剩百萬餘歸。蓋乘元人所藏，而元時不備邊，故其充溢至此。可見今閭閻疲憊，去於邊費爲多。

江北山川夷曠，聲名文物所發洩者不甚偏勝，江南山川盤鬱，其融結偏厚處則科第爲多。如浙之餘姚、慈谿，閩之泉州，楚之黄州，蜀之内江、富順，粤之全州、馬平，每甲於他郡邑。然文人學士又不拘於科第處，嘗不擇地而生。即如國初，劉伯温以青田，宋景濂以浦江，方遜志以寧海，王子充以義烏，雖在江南，皆非望邑。其後李獻吉以北地，何大復以信陽，孫太初以靈武，李于鱗以歷下，盧次楩以濮陽，皆在江北。然世廟以來，則江南彬彬乎盛矣。

天下馬頭，物所出所聚處。蘇、杭之幣，淮陰之糧，維揚之鹽，臨清、濟寧之貨，徐州之車贏，京師城隍、燈市之骨董，無錫之米，建陽之書，浮梁之瓷，寧、台之鮝，香山之番舶，廣陵之姬，温州之漆器。

中國兩大水，惟江、河横絡腹背[五]。河受山、陝、河南、半南直四省之水，江亦受川、湖、江西、半南直四省之水。河來塞外，經五千里方入中國，甚遠。而江近，發源岷山。乃至入海處，河委於一淮而足，而江尾闊至數十里，何也？蓋江、河所受之水，中以荆山爲界。荆山以北，高曠燥涸，水脈入地數十丈，無所浸潤。又大水入河，止汾、渭、洛三流耳，涑、淮、沂、泗皆不甚大，又止夏月則雨溢水漲，故其流迅駛，而他月則入漕，故河尾狹。荆山以南，水泉斥鹵，平於地面，時常涌泛不竭。又自塞外入水二，曰大渡河，曰麗江；自太湖千里延袤入者二，曰洞庭，曰彭蠡；自諸澤藪入者不計，曰七澤，曰巢湖，曰淮、揚諸湖之類，其來甚多。而雪消春漲，江首至没灔澦高二十丈。江南四時有雨，霪潦不休，故其流迂緩而江尾闊。江惟緩而闊，又江南泥土黏，故江不移。河惟迅而狹，又河北沙土疏，故河善決。若淮近日明讓爲河委，濟自新室暗入於河中，雖均稱四瀆，實非江、河比也。

黄河九曲，楊用修謂其説出《河圖緯象》。其謂：「河導崑崙山，名『地首』，上爲權勢星，一曲也；東流千里，至規其山，名『地契』，上爲距樓星，二曲也；卻南千里，至積石山，名『地肩』，上爲別符星，三曲也；卻南千里，入隴首間，抵龍門首，名『地根』，上爲營室星，四曲也；南流千里，抵龍首，至卷重山，名『地咽』，上爲卷舌星，五曲也；東流貫砥柱，觸閼流山，名『地喉』，上爲樞星，以運七政，六曲也；西距卷重山千里，東至洛會，名『地神』，上爲紀星，七曲也；東流至大伾山，名『地肱』，上爲輔星，八曲也；東流過洚水，千里至大陸，名『地腹』，上爲虛星，九曲也。」元學士潘昂霄《河源志》：「黄河九折，胡地有二折，蓋乞里馬出、必反赤里也。」《禹貢》：「導河自積石。」以此參考之《河圖緯象》及《河源志》，與《禹貢》一一皆合。用修博雅，當有據。

海潮，有云從日，有云因月，有云隨星。從日者，唐盧肇之說也；因月者，元丘處機之說也[六]；隨星者，宋蘇子瞻之說也[七]。肇謂：「日是太陽，水是純陰。日西入地時，陰避太陽，東海潮上；日出時，水乃西流，東海潮下。」丘長春駁之謂：「肇之所言，晝夜方是一潮，知肇不曾海上行也。余行海上，分明月初出，則潮初上；月卓午，則潮滿；月西轉，則潮漸退；月没，則潮退盡。北方月出，則潮復上，斗北月中，則潮滿；月東轉，則潮漸退；月没，則潮退盡。又嘗較核東萊與膠西，陸地相去二百里許，水行迂曲則千里，潮信不同。萊北潮上，則膠西潮下；膠西潮上，則萊北潮下。北海、南海約去萬里，據大體，北海潮上，則江、淮以北皆潮滿；南海潮上，江、淮以北皆潮下方是。如何登、萊、即墨盈縮不同？」蘇子瞻則謂：「閩、浙之潮，皆有定候。惟瓊海潮半月東流半月西流，潮之大小隨長短星，不繫月之盛衰。」是三君子之言，皆以理測，而不知天地造化有不可專測以理者。果如三子之言，則浙江錢塘之潮，又將何因？日乎，月乎，星乎？凡潮皆暗長，獨錢塘白浪如堵牆，百里一抹，前水後水高下参差五六丈或十丈，轟雷掣電而來，以爲素車白馬胥之怒者，偶然一人所見耳！或又謂龕、赭二山束之，亦未也。束之能喧豗奮擊至二百里之外耶？或又謂龕、赭相對處，暗有礓砂石檻截於水底，縱横激之。如是，則宜日月如一也，何以有大小之潮之異？而潮至吳山相望處，何以散而復聚？或者又謂海鰍出入，鰍游何以時刻必信如此？矧鰍壽有限，安能與天地相持？是一鰍耶，衆鰍耶？余過安寧，問所謂「聖水三潮」者，覓之乃在温泉之傍大樹之下，一穴如斗，每日申、子、辰三時水自溢出，餘時則乾。此自造化詭幻［八］，靈氣使然，難以常理論。丘長春所云「聖功道力不可思議者」，是或一道也。

天下惟閩、浙人殺物命最多。寧、台、温、福、興、泉、漳等處傍海，食魚鰕蛤蜡，即尺罾拳笱，尚不可以類計，況罟網之大者乎？中原北塞，雖日夕畋獵，然麞豕兔鹿之類，咸以數數。唐朝每聖誕，敕僧放生池放生，著爲令。其放魚鰕而不放雞犬者，蓋内典六道「雞犬等爲定殺業，魚鰕等爲不定殺業」故也。然海人則自謂「此造化食我」。

九邊延袤幾八千里，墩臺關口，聯以重牆，亦猶長城之遺而諱其名耳。今自山海關起而東西分疏之：關，京師左輔而内外之限也。關以東，遼陽邊路。出關，經高嶺驛，又沙河、東關，曹家莊，連山、杏山、小凌河、十三山，至廣寧城板橋；又沙嶺、牛家莊至海州自在城，及鞍山至遼陽鎮；又瀋陽、懿路、嚚州、三萬衛而至開原。經十九驛一千五百里，關至廣寧六百里，廣至開原八百五十里。内開原至遼陽四百五十里，城固無憂；遼陽至山海，常有零虜［九］。然山海至開原，皆平野無山，征虜前將軍鎮之。是關魏國所設，關以西，薊、宣、大、延、寧、甘邊路。薊州大邊，起山海關遷安驛，過北水關，旱門關，經長谷營、牛頭崖營至榆林驛，又經石門營至撫寧蘆峰驛，又經燕河營、桃林營至永平灤河驛，又經劉家營、徐流營、建昌營至遷安七家嶺驛，又經五重營、太平營、青山駐操營至古城驛，又經灤陽營、漢兒營、三屯營至灤陽驛，又經松棚營、興州前屯衛至豐潤義豐驛，又遵化縣衛驛，又經沙波營、大安營、興州左屯衛至玉田陽樊驛，又至石門鎮驛，又經黃崖口營而至薊州漁陽驛。共關口七十七，塞堡四十一，驛十一。本州之西，邊牆分爲三重：○外一重，薊州城經黑谷關至甎朵子關，共十九營寨；中二重，薊州城經峰臺谷寨至南谷寨，對外重髻山寨。共十五關寨；內三重，薊州城經彰作里關、平谷縣、興州中屯衛、三河縣驛、興州後屯衛至香河縣、營州前屯衛，共十三營寨。以上邊牆三重，至此又合爲一。○外重，甎朵子關起，接爲桃兒衝寨，經古北口、潮河川三寨、石匣營至石匣驛，又經潮河營、白馬營至密雲中衛驛，又經石塘營至順義營州左屯衛，至懷柔縣，至黃花鎮撞道口。共關口營寨五十四處所。以上薊鎮大邊。自山海至此，其關口營寨皆倚山補築，邊牆參差不齊，難以里計，惟以驛直數之，凡十六驛，得九百六十里。宣、大二邊，起居庸坌道口、榆林驛，共百里至懷來城，又經土木驛、雞鳴驛，共一百六十里至宣府，又經萬全左右衛、陳家堡、宣大界上通白羊口，共二百四十里至陽和城，又一百里至大同鎮南至雁門六百里，又西經大同左衛、威遠衛，南至寧武六百里。又西經平虜老營，共四百七十里而至偏關，又百五十里至娘娘灘與陝西黃甫川。以上宣大路。在二重邊牆之內，鎮朔將軍駐宣府，征西將軍駐大同。延綏大邊，起黃甫川，經清水營、鎮羌堡，二百四十五里而至神木。又經柏林、雙山，二百三十五里而至榆林鎮。又經響水等堡[一〇]，四百十里至靖邊營。又經寧塞等營，百六十里至新安邊營。又經新興、三山等堡，二百里至饒陽水堡。又九十里至寧夏定邊營。以上延綏大邊，一千三百里，與固原內邊形勢相接。成化間修築榆林等城二十餘堡，俱在二邊之外，蓋重邊設險以守內地也。鎮西將軍鎮之。寧夏大邊，起定邊營，經花馬池、安定堡、紅山堡渡河，共三百五十里至寧夏鎮。又西經廣武營、中衛、靖虜、平灘，六百餘里而至蘭州。以上寧夏邊大約千里。定邊至河，在河套內；寧鎮城至中衛，在黃河外；靖虜至蘭州在黃河內。征西將軍鎮之。甘肅莊涼大邊，起蘭州金城關，經沙井、苦水、紅城子、大通山四驛，共二百七十里而至莊浪，又自莊浪在城驛西去，經武勝、岔口、鎮羌、黑松、古浪、靖邊、大河七驛，共三百六十里而至涼州涼州北去三岔、黑山二驛共百九十里，至鎮番衛止。又涼州西去，經懷遠、沙河、真景三驛，一百五十里而至永昌。又自永昌西去，經水泉、石峽、新河三驛，共百九十里而至山丹。又自山丹西去，經東樂、古城二驛，共百二十里而至甘州鎮。又自甘州西去，經西城、沙河、撫夷、黑泉、深溝、鹽池、河清、臨水八驛，共四百二十里而至肅州。又西七十里至嘉峪關。以上甘肅莊涼大邊，計一千五百里。唐陽關又在七百里之外，左番右韃[一二]，漢所稱斷匈奴右臂者是也，止綫路通中國爾。平羌將軍鎮之。關以西內邊，居庸、紫荊、倒馬謂內三關，亦有重牆，自北而南。其外一重，起居庸，經青龍橋、東口、西口、河合口，共二十口，四百里而至紫荊。沿河口又過東、西小龍門、獨石、大谷、紫荊關、磐石驛、忙兒溝口，外百五十里乃山西蔚州。浮圖峪口、廣昌縣插箭嶺口，共五十口，七百餘里而至倒馬關、狼牙口而止。其內二重，起撞道口，經石湖谷、虎谷，共十口，一百二十里而至居庸關。又自居庸西去，經小嶺、西水、柏谷、石羊，共三十四口，一百五十里至紫荆關。沿河口又經房山、黄山店、淶水、乾河口，共十二口，五百二十里至紫荆關。又自紫荆、磐石口、瓦窑、白石、倒馬關，共二十四口，四百八十里而至狼牙口而止。內外兩牆又合爲一，近靈丘縣百里。又起西法、卷溝口經牛糞口、內九十里至阜平。落路口，倒馬關至此百里。共四十七口，三百餘里而至龍泉、上關，外至五臺百八十里。經下關、東至阜平五十里，北至倒馬百七十里。北黑山口、白羊口、靈壽縣。清風口、內至真全。青草谷口、內至元氏。改里口、內至贊皇。後溝口止。北全龍泉關五百一十里[一二]，至倒馬關六百八十里。內三關邊城，大勢兩重，就山填築，亦有三重。其雁門、寧武、偏頭爲外三關，脈自雁門，亂山横迤，爲北京、山西之界，亦倚山湊築，大道爲關，小道爲口。有人馬並通者，有止通人者。緩急險要不同。固原邊，起饒陽，西至徐斌水、半个城界三百里，乃總制舊邊。今新邊近廣武，包梁家泉諸水，土堅易守，直抵河岸，俱可耕種，止河凍乃守舊邊。寧夏路在邊牆東北之外，路外又有花馬池，牆隔套虜。西寧邊，起莊浪，西南去，經大通河口、老鴉城、碾伯三驛，三百里至西寧衛。其衛西抵番南至積石。此充國屯河、湟故地也。

分野家言全無依據，如以周、秦、韓、趙、魏、齊、魯、宋、衛、燕、楚、吳、越平分二十八宿，蓋在周末戰國時國號，意分野言起於斯時故也。後世疆域分合不齊，乃沿襲陳言，不知變通。如朝鮮，古封建爲中國之地，以其後淪爲夷狄[一三]，故不及之。夫地有此土，則天有此辰，人自不及之耳，彼國土豈本不對天星乎？又如唐交河郡轄五縣，去長安九千里，本朝滇雲十四五郡，去京師萬里，安得不自分野以應天星？而徒曰「附於井、鬼」，「附於參、井」，則以其地在前在後，不當言分野者之時，故不及之。後人耳食，真爲可笑。

前代都關中，則邊備在蕭關、玉門急，而漁陽、遼左爲緩。本朝都燕，則邊備在薊門、宣府急，而甘、固、莊、涼爲緩。本朝土木後，乜先駐牧〔一四〕，吉囊、俺答駐牧，皆在松、慶、豐、勝左右，則宣、大急。今互市定，則宣、大爲緩。邊備無定，第在隨時爲張弛，視虜爲盛衰。惟山東腹内向稱安靜之地，近乃有朝鮮之變。若倭得志朝鮮，則國家又於登、萊增一大邊也。譚東事者，止言遼陽剥膚，而無一語及登、萊。不知遼陽雖逼，然舊邊地，遼宿重兵，一時不能得志。且陸行千里，寇至聲息，時日得聞，更有山海關之限。登、萊與朝鮮止隔二百里之水，風帆倏忽，烽燧四時，非秋防，非春汛，其難守比諸邊爲甚。惟近爲平壤屯田之疏者得之，夫疏謂「屯田平壤，是因糧於敵之議也，原爲省餉，非專爲蔽山左，然實暗伐敵謀。平壤與登、萊正對，我師屯平壤，則正蔽登、萊，烽燧無能相及矣」。

各邊年例，當時倡議互市自王少保，而少保自宣、大，故議宣、大獨多，而三邊獨少。今陝西諸邊年例不足用，而宣、大歲歲節省。宣、大邊既無備禦之事，止以節省爲邊功，計資遷轉，皆少保所遺。

薊門與陝西邊上類報災異，中非某城樓鴟吻出火，則某墩臺鎗刀上有火光，無歲無之。

想殺死人血燐所化，遇重宵陰翳則聚而成光，晴則散，不然何内地之無而獨於邊也。

海内五岳，余足跡已遍。今所傳五岳真形者，云出自上元夫人，皆山川流峙之象。以余所見，殊不相蒙，豈神仙輩凌虚倒景從太空中俯瞰之，其象與余輩仰視上方一隅者差殊也？至於海外五岳，《靈山道經》志之，其云「東廣乘之岳，在東海中，上有碧霞之闕，瓊樹之林，紫雀翠鸞，碧藕白橘；南長離之岳，在南海中，上有朱宫絳闕，赤室丹房，紫草紅芝，霞膏金醴；西麗農之岳，在西海中，上有白華之闕，三素之城，玉泉之宫，瑶林瑞獸；北廣野之岳，在北海弱水中，上有瓊樓寶閣，金液龍芝；中崑崙之岳，在八海間，上當天心，形如偃蓋；東曰樊桐，西曰玄圃，南曰積石，北曰閬苑；上有瓊花之闕、光碧之堂，瑶池琴臺，金井玉彭。所恨海岳路殊，仙凡地隔，覓之則身不生翰，思之則口爲流涎。」

【校勘記】

[一] 徼：楊刻本作「紀」。

[二] 雲貴：疑爲「雲中」之誤。

[三] 南充：楊刻本「南」字上有「西」字，衍。

[四] 庚辰：據《五岳游草》，入滇在辛卯春或庚寅冬，當作「庚寅」。

[五] 腹背：楊刻本作「背腹」。

〔六〕說：楊刻本作「論」。
〔七〕說：楊刻本作「言」。
〔八〕造化：楊刻本作「造物」。
〔九〕虜：底本作「魯」，避清人諱改，現逕改回，下同例不再出校。
〔一〇〕響水：楊刻本作「嚮水」。
〔一一〕韃：底本作「達」，避清人諱改，現逕改回，下同例不再出校。
〔一二〕北：楊刻本作「此」。
〔一三〕爲：楊刻本作「於」。
〔一四〕也先：楊刻本作「也先」。

廣志繹卷之二

兩都

兩都之制始自周家，後世間效爲之。我朝以金陵開基，金臺定鼎。今金陵雖不以朝，然高皇所創，文皇所留，廟謨淵深，實暗符古人之意。余兩宦其地，山川謡俗，聞見頗多，兹特其尤較著者。直隸郡邑，各從南北而附。

燕有興王之理[一]，邵子明以堪輿言也，但不盡吐露耳。燕地，太行峙西北，大海聚東南，氣勢大於晉中。晉左山右河，倚空向實；而燕坐實朝虛，黄花、古北諸關隘峻險相連，龐厚百里。晉已發唐、虞、夏矣，王家安得不之燕也？舊燕在薊，今京師乃石晉所賜遼人建爲元都者[二]，金、元因之，在今城西南。今京師正唐漁陽、上谷之間，猶上谷轄，比薊規模更博大。天壽山自西山東折而來，龍翔鳳舞，長陵一脈，真萬年寶藏之地也，包絡蟠亘，倍蓰鍾山。或云此即宋燕山竇氏故居，然今竇氏莊乃又在薊門城東，豈亦所謂别墅者耶？

太行，首始河南，尾繞山海而出數千里。其至京師，則名西山，舊稱第八陘，在燕厚數十百里，勢則連山巨阪，地軸天關，勝則春花夏果，秋雲冬雪，良偉觀也。居庸、紫荆、倒馬，爲內三關，咸隸太行。大水如桑乾，清、濁漳咸穿太行東出。

長安宮闕之制，前代極侈麗。秦無論，即如漢世，既用秦長樂宮矣，又治未央。兩朝並建，東西對峙，帝后別居。然長樂亦非以狹小也，其垣牆亦周二十里，至未央牆又加圍八里，殿高至三十五丈，是長安城中盡宮闕也。比武帝，又作建章宮於城外，高五十丈，下視未央，跨城爲閣道，飛輦以度。而甘泉、明光離宮又百餘。意當時積儲多，而秦、隴大木亦不難致。及至城郭反不立，而惟用繚垣。何緩於設險而惟土木之圖也！我國家止建一朝，諸宮殿皆在朝殿之後，垣城之內，高亦至百尺而止，敦樸崇儉，實遠邁百代。

宮闕之制，紫金城固正中，而外垣則東狹西闊，西圓東方。留都則已先爲之，而北都取法焉，不以方整爲規。此如宋太祖城汴京，故意刓方爲蓮花形。創造之君，其規模建置必有深意。

西苑在禁垣西，内有太液池，池内有瓊華島，島上有廣寒殿。喬松高檜，儼然蓬萊。緑荷開時，金碧輝醮。永、宣朝嘗敕侍從游之，如三楊業皆有記，此禮數近不聞矣。苑東北萬歲山，正直宮門後，隱映城闕，亦禁中勝景也。然不敢登，其麓以煤土堆疊之，此亦有深意。

京營十二團營，于公謙所置也。仇鸞以勤王怙寵，入理戎政，乃改爲三大營：曰五軍，曰神機，曰神樞，總之曰戎政府。爲製印章，以王邦瑞爲副。鸞請張鶴齡故第改建府衙居之，小廨四周，居大同兵五百自衛，曰用以訓練京軍。鑾又以給事中、御史巡視不便，請革，從之。今臺省雖復，而營軍皆踉蹡兒戲，人馬徒費芻粟，實無用也。京師根本之地，誠不得不宿重兵，但存其名，無益於事。

南海子，即古上林苑。中、大、小三海水四時不竭，禽、鹿、麞、兔、果蔬、草木之屬，皆禁物也。據址，周一萬八千六百丈，尚不及百里，僅當漢之十一。雖有按鷹等臺，亦不爲甘泉校獵之用，乃本朝度越處。然非獨官家也，即史稱茂陵富民袁廣漢築園於北山下，構石爲山，高十餘丈，養白鸚鵡、紫鴛鴦、犛牛、青兕，積沙爲洲嶼，激水爲波濤，致江鷗、海鶴，孕雛産鷇，延漫林池，奇草異樹，重閣修廊，移刻行不能遍。廣漢後罪没，鳥獸草木皆移入上林苑中。然袁園稱東西四里，南北五里，則亦周十八里。今極稱吳中佳麗，然縉紳中何得有此，況民間乎？

南城，建於嘉靖癸亥[三]，蓋雷司空禮因風災建議懲於庚戌之故。近土、哱叛[四]，有議於京四隅五十里外建四城，每城分京營軍萬人居之，犄角以護京師者。此爲土、哱，時議似迂，若就京師論，北虜南倭，平壤無險，城此甚爲得策，不過費十萬金錢而足也。

玉河，源自玉泉山，流經大內，出都城東南注大通河。一以入禁禦，一以濟漕儲，故官民不得擅引，著爲令。城内止袁錦衣家分一股作池。舊傳袁指揮彬隨英皇北狩，上偶執水灌黄鼠，袁泣曰：「此非我百里外負來者耶？」英皇悔曰：「若還都，令爾家水用不盡。」故回鑾析玉河酬之，亦異數也。

金山，出城三十里。宫人不得附天壽陵者，咸葬金山。故朱門蜃牆，金鋪繡脊，從高望之，儼然一幅畫圖也。其南曰甕山，乃元耶律學士墓。耶律博雅，亡論夷狄，即中國亦季札、公孫僑之儔。

西湖，在玉泉山下，泉水所匯。環湖十餘里皆荷蒲菱芡，故沙禽水鳥盡從而出没焉。出湖以舴艋入玉河，兩岸樹陰掩映，遠望城闕在返照間。每駕幸西山，必由此回鑾。

長安，勳戚伯、恩澤侯、金吾、駙馬、玉帶，無歲無之。南人偶一封拜，則以爲祖宗福廕之奇，而北方爾爾者，蓋京師大氣脈，官家得以餘勇賈人。然縉紳文學侍從，竟亦不如各直省之多者〔五〕，亦文武彼此盈虚消息之理。

緇宫佛閣，外省直縱佳麗不及長安城什之一二，蓋皆中貴香火，工作輒效闕庭，故香山碧雲甲於天下。然每一興造，諸匠役食指動庇千萬頭，故能爲此者，亦刑餘之賢者也，不則，近日貴璫如保如誠如用，仍轉之内帑焉已。

石鼓十枚，乃周宣王田獵之碣，與《小雅·車攻》大同小異。皆籀文，高可三尺，圓而似鼓。初在陳倉野中，唐鄭餘慶遷至鳳翔孔廟，失其二。宋皇祐間，一得之於敗牆甃中，一得於人家，鑿之以爲臼。靖康末金人取歸燕，今置於北成均廟門。

都城衆庶家，易興易敗。外省富室多起於四民，自食其力。江南非無百十萬金之産者，亦多祖宗世業。惟都城人，或冒内府錢糧，抑領珠寶價值，抑又賃買中貴公侯室居，而掘得地藏窖金，以故數十萬頃刻而成。然都人不能居積，則遂鮮衣怒馬，甲第瓊筵。又性喜結交縉紳，不悋津送，及罹於法，一敗塗地，無以自存。余通籍二十年，眼中數見其人。

都人好游，婦女尤甚。每歲元旦則拜節，十六過橋走百病，燈光徹夜。元宵燈市，高樓珠翠，轂擊肩摩。清明踏青，高粱橋盤盒一望如畫圖[六]。三月東岳誕，則耍松林。每每三五爲群，解裙圍松樹團坐，藉草呼盧，雖車馬雜沓過，不顧。歸則高冠大袖，醉舞驢背，間有墜驢臥地不知非家者，至中秋後游蹤方息。昔人謂「輦轂之下，萬姓走集」，無怪乎醉人爲瑞也。所可恨者，向有戒壇之游，中涓以妓捨僧，浮棚滿路，前僧未出，後僧倚候。平民偶一闖，群僧箠之且死。邇以法嚴禁之，十數年惡俗一清矣。

都人不善居室，富者一歲止計一歲之用，恣浪費。鮮工商胥吏之業，止作車夫、驢卒、煤戶、班頭而已。一切工商胥吏肥潤職業，悉付外省客民。又嗜辛辣肥醲，其氣狂盛，多嗜鬭狠，常以酒敗，其天性然也。婦人善應對官府，男子則否。五城鞭喧鬧，有原被干證，俱婦人而無一男子者，即有，婦人藏其夫男而身自當之。

燕趙古稱多悲歌慷慨之士，即如太子丹一事，何一時俠烈者之多也。千古俠骨如荆軻，不惜已頭爲然諾如樊於期，以死明不言如田光先生，荆卿所待與俱如狗屠，矐目而筑撲秦王如高漸離，報仇而護窮交如燕丹。當時聖澤未遠，皆一行偏才，以末世視之，種種亦何可及。至於荆軻《易水歌》與史稱「賓客皆白衣冠送」與「荆軻就車而去，終已不顧」二語，俱千古造化之筆。

盤山，在薊城西北，逶迤沉邃，百果所出。山北數峰陡絶，絶頂有大石，摇之輒動。二龍潭據其上，下有潮井。傍京之地，山谷巃嵸有致者，近稱西山，遠稱盤山。

江南泥土，江北沙土。南土濕，北土燥。南宜稻，北宜黍、粟、麥、菽，天造地設，開闢已然，不可强也。徐尚璽貞明《潞水客談》欲興京甸爲水田，彼見玉田、豐潤間間有一二處水田者，遂概其大勢。不知此乃源頭水際，民已自稻之，何待開也。即如京師西湖畔，豈無水田，彼種稻更自香馥，他處豈盡然乎？余初見而疑之，猶以此書生閑談耳，不意後乃徑任而行之。無水之處，强民浚爲塘堰，民一畝費數十畝之工矣。及塘成而沙土不瀦水，雨過則溢，止則涸。北人習嬾，不任督責，幾鼓衆成亂，幸被參而其事中止也。余又聞沈大宇襄於直沽海口開田百頃［七］，數載入册升科矣，一夕海潮而没。固知天下事不可懦而無爲，尤不可好於有爲，事至前，不得已而應者，方爲牢矣。

黄金臺，在京城東南，大小二古墩。然燕昭王築黄金臺於易水以延天下士，則易水爲舊址，而各處效築者非一，京臺亦其名爾。

河間者，九河之間也。九河如徒駭、太史等，《爾雅》所載，舊志兼載其地，然與今書傳不甚合。酈道元、程氏皆謂九河淪於海，夫禹疏九河，正謂於海尚遠，河爲地患，故疏之也。若淪於海，是在海岸，何必疏？且開州有鯀堤，則九河必在大伾之東，瀛海左右，但年久湮塞，不可考。而馬頰諸河，今山東東昌、濟南間，多以此冠舊河之名。如云鬲津枯河，自齊河經禹城、平原、德州、德平、陵東，北至海豐入海；鉤盤枯河，自德州經德平東北至陽信；覆鬴枯河，自慶雲經海豐南入海。又濟陽縣東北至齊河縣境，有馬頰枯河，莘、苑之間，亦有馬頰河。

鄭州藥王廟以祀扁鵲[八]，而右祀三皇，配以岐伯、雷公、鬼臾區、俞跗等十人，兩廡則塑自扁鵲至丹溪百數餘人。丹堊鉅麗，土木精工無比。云此地有越人冢，又有藥王祖業莊，然衛輝亦道樹扁鵲墓石。

直沽海口，爲北直諸水尾閭，其流之最遠者，有桑乾河，出自雁門之陰，從保安州入，下蘆溝，會白河入海；滹沱河，出自雁門之陽繁峙縣，從靈壽入，下河間之易水入海；衛河出自衛輝，遠納潞州之清、濁漳，至臨清會運河，至交河北又會邢、貞諸水入海。此皆源出山西，腹穿太行而來者。

碣石在永平、昌黎間，離海岸三十里。遠望一山如冢，山頂大石如柱。韋昭謂：「碣石舊在河口海濱，歷世既久，爲水所漸淪入海。」想此是也。楊用修謂：「此右碣石，又有左碣石，在高麗樂浪。」《唐書》云「長城起於此山」。

真定龍興寺後大悲閣，有千手觀音像，高七十三尺，其閣高一百三十尺，拓梁九間而爲五層。蓋真定之銅像，嘉定之石像，皆大像之選也。以上北都。

南都，春秋本吳地，無城邑可考。越滅吳，城長干。楚滅越，改金陵。秦滅楚，改秣陵，遂鑿秦淮，時已有玄武湖。漢改丹陽郡。吳改建業，立都城八門，作太初宮，東鑿清溪，西運瀆，俱達秦淮，設朱雀航於大航門，猶今浮橋也。晉改爲建康，以宰相領揚州牧，築城於清溪東，臨淮水上，號東府城，別舊治爲西州城，以丹陽守爲尹，宮城仍吳之舊，新作建康宮、大司馬門。宋、齊、梁、陳因之。隋平陳，建康城邑俱廢，於石頭旁置蔣州，後又改爲丹陽郡，而揚州治縣移於江都。唐改爲昇州，南唐復爲都。宋滅南唐，復昇州。建國，尋改建康府。後高宗駐蹕，以府地爲行宮，置留守。元即建康府治開省，故宮俱存。然則孫吳、六朝宮城乃在漢府、珍珠河之間，武定橋爲朱雀航處。南唐、宋行宮在今內橋，直對鎮淮爲御街。本朝宮城，則填東方燕雀湖爲之，在舊城之外。惟聚寶、三山、石城三門仍舊，起通濟右轉至清涼則皆新拓之，周九十三里，外垣倍焉。此南龍一統之始也。然城寥廓，有警不易守，鍾鼓樓以北似可斂而縮之。

宮城填浮土而棄故墟，或疑其故。余謂以堪輿家推之，則留都之勝似爲左仙宮。境內山起攝山，右去則爲臨沂，而鍾山其拇指根也。覆舟而西，雞鳴、盧龍、直瀆、石城而至於冶城，皆當埽之墟，流而不止，六代、唐、宋宮之，正當其覆敗處。左武岡、雲穴、青龍、石桅、天印、聚寶、天闕，而止於三山，咸環抱而無穴場。皇祖與青田輩亦熟籌之。歷朝以來，都宮郡邑遷徙靡常，城隍墩塹填塞代有，以故窪池渠沼，滿眼皆是，地脈盡洩，王氣難收，六朝奄忽，有自來矣。欲盡棄之，則室廬闤市，人情重遷，不若退卸稍東，挨鍾山而填燕雀。昔人謂：「池湖積水，四世不流。」又謂：「山高一丈，水深一尺。」故壅塞各土，承受完胎，免其騰漏，非無自也。但今入紅門而右，山麓西走，斜插偏枯，當時若更東去四五里間，直金門南下之處，鋪唇展席，餘氣隆起，正坐鍾山，四顧靜定，如船泊岸，留湖水舊城以爲下手，此其居中得正，又不啻百倍。

向余登清凉臺，入門見巨井，僧云：「此臙脂井也。」問臺城，則指前岡。今細考之，則知吳苑城據覆舟山之前，對宮門之後，而晉臺城即修吳苑爲之。華林園在臺城内，而臨春、結綺、望仙皆華林園中閣，臙脂井在閣前，始知僧言之非也。宋造華林園在盛暑時，何尚之諫宜休息，帝曰：「小人常自曝背，不足爲勞。」六朝君善謔而不善理，多如此。

南京城中巨室細家俱作竹籬門，蓋自六朝時有之。《輿地志》云：「自宮門至朱雀橋作夾路，築牆瓦覆，或作竹籬，使男女異行。」又《宮苑記》：「舊京南北兩岸設籬門五十六所，邑之郊門也。」

出西安門，長安街斜掠西南而去，蓋宮城繚垣之右原。如舞鳳之翼，不與東齊，故街如之。而三山等逵道皆偏頗曲折，不甚方嚴。惟鎮淮、内橋尚存御街之舊，餘則四處方隅，時或眯目。

舊院有禮部簒籍，國初傳流至今，方、練諸屬入者，皆絶無存。獨黄公子澄有二三人，李儀制三才覈而放之。院内俗不肯詣官，亦不易脱籍。今日某妓以事詣官，明日門前車馬無一至者，雖破家必浼人爲之居間。裘馬子弟娶一妓，各官司積蠹共窘嚇之，非數百金亦不能脱。

大江入地丈餘。南中之濕，非地卑也，乃境内水脈高，常浮地面。平地略窪一二尺，輒積水成池。故五六月霪潦，得暑氣搏之，濕熱中人。四方至者，非疥則瘇，即土著者不免，惟樓居稍却一二。

玄武湖大十數里，中洲爲册庫，以藏版籍。樓開東西牖，隨日照之，得不蛀。初患鼠，賜督工老人毛姓者爲土地，乃安。非督册臺省度支郎不得入其地。四山蘸翠，藕花滿湖，香氣襲人，月明之夕，游賞爲最。

大報恩寺塔以藏唐僧所取舍利，神龍人獸，雕琢精工，世間無比。先是三寶太監鄭和西洋回，剩金錢百餘萬，乃敕侍郎黄立恭建之。琉璃九級，蜃吻鴟尾，皆埏埴成，不施寸木，照耀雲日。内設篝燈百四十四，雨夜舍利光間出遶塔，人多見之。嘉靖末雷火，宫殿俱燬。

秦始皇以望氣者之言，鑿鍾阜斷長壠以洩王氣，故名秦淮。其源一出句容之華山，一出溧水東廬山，合源於方山埭，西流入城。至淮青橋，乃與清溪合[九]。緣南城而出水關，水上兩岸人家懸椿拓梁爲河房水閣，雕欄畫檻，南北掩映。夏水初闊，蘇、常游山船百十隻，至中流，簫鼓士女闐駢，閣上舟中者彼此更相覷爲景。蓋酒家煙月之趣、商女花樹之詞，良不減昔時所咏。

牛首山寺西廂門有一竅，塔影入焉，見佛桌帷上，乃是倒挂欄楯鈴甎，色相儼然，其傍樹影又直立，可異也。然塔本西方創，故多異。余台雙幘塔影乃落黄泥塘中，隔烟火三里，立塘畔見影不見塔，近始爲塘畔人家填塞之。又觀《桯史》云：「泗州僧伽塔，一日影見於城中民家。」又《輟耕録》云：「松江城中有四塔，夏監運家在其東，而日出時有一塔影長五寸，倒懸西壁上。」又《夷堅續志》云：「南雄延慶寺有三塔，影不以陰晴見，一倒影，二懸影向上。如見人家廳堂上，主科名；見房厠則凶。」此皆理之不可曉者。

鳳陽，龍興之地，當時乃不建城郭，或謂堪輿家以此地皇陵所奠，於城郭不宜。或又謂聖祖念湯沐地，民力困於戰爭之後，不暇及也。然觀漢高祖誅秦滅項，建都長安，亦不造城而止作繚垣周三百里，至惠帝始城長安。

呂梁洪石齒廉利，嘉、隆間黄河漲，石漸入水，止水上盤渦。余癸酉上春官時猶及見之。至丁丑漲甚，則盤渦亦無矣。今河漸漲，堤漸高，行堤上人與行徐州城等。若黄河年年如此，則自開闢以來，今不且在半天乎？何不漲於昔而漲於今也？向思之不得其故，及今行遍宇内，始窮山川源委而悉之。蓋此乃中龍過脈處也。泰山爲中龍之委，自荆山大幹生，至六蓼遂落平洋，牽連岡阜，至徐、邳過脈北去，而起泰山。黄河源流泰山之北[一〇]，至直沽入海，此特泗水一派浮流兩洪之上耳。隋時煬帝幸江都，引黄河入汴、泗，河始流斷龍脈，隔泰山而北之。然中龍脈王伏地而行，河水流地上，畢竟不能斷絶其脈，而地脈之起伏有時。今此數十年，正當其起也。脈湓涌而起，故河身日擎捧而高，此豈鐵埽帚、滚江龍之所能刷而低之乎？爲此策者真兒戲見也。過數十年後，地脈既伏，沙泥自去，河身自陷下耳。或謂「地脈何以知其起伏」？曰：「濟水昔行地上，王莽時伏地而行，遂至今不改，至趵突方穴而出，非耶！堪輿家指地墳而起者爲吉，正謂下有氣脈耳。」此理向無人識，須與通天、地、人者一抵掌。

清江板閘之外，乃淮河之身，而黄河之委也。黄、淮合處水南清北黄，嘉靖末年猶及見之。隆、萬來黄高勢陡，遂闖入淮身之内，淮縮避黄，返浸泗、湖，水遂及祖陵明樓之下，而王公堤一綫障河不使南，淮民百萬，岌岌魚鱉。余丁亥冬過淮，適值行河省臣常且至，因預與淮父老講求之，上溯泗陵下汎海口，始悉顛末，謂非另造一支河不可。衆聞咋舌云：「黄河可造乎？」真落落難合也。余爲析其故：桃源三叉廟有老黄河故道，武宗南幸，欲兩岸牽挽龍舟，始塞泯之，今遺身猶隱隱存。若從此挑一河，與今河深闊齊，直至草灣，放淮水與之合，祖陵與淮城自無恙。欲浚海口者，非也。海口二百里，從何濬？且海口比河低甚，非海口罪。因爲疏上之，而總河大臣與省臣謂余侵其事，百方阻不行。十年後余入太僕時，祖陵且壞，直指發其事，河臣削籍待罪，司空氏始悔余言之不用也。復遣省臣行視之，仍依余言，僅於入口處稍改，從上流黄壩口入漁溝以東，與余前疏同。畢竟另造一黄河，費近百萬，河成淮出矣。方報浚，而黄河一夕南徙，又決黄堌口一千二百餘丈。下睢寧，當事者又恐徐、邳流竭，爲運道梗。議浚議塞，漕、河兩大臣言人人殊，今尚築舍道傍也。

黄河之衝，止利捲埽而不利隄石。蓋河性遇疏軟則過，遇堅實則鬬，非不惜埽把之衝去也。計一埽足資一歲衝刷而止，明以一歲去此埽而護此隄也，來歲則再計耳。若隄以石，石不受水，水不讓石，其首激如山，遂穿入石下，土去而石遂崩矣。余見近督河者所作石隄往往如此，而常自護過，不肯以爲非。

淮、揚一帶，揚州、儀真、泰興、通州、如皋、海門，地勢高，湖水不侵〔一一〕。泰州、高郵、興化、寶應、鹽城五郡邑如釜底，湖之壑也，所幸一漕隄障之。此隄始自宋天禧轉運使張綸因漢陳登故蹟，就中築隄界水。隄以西匯而爲湖，以受天長、鳳陽諸水，繇瓜、儀以達於江，爲南北通衢；隄以東畫疆爲田，因田爲溝，五州縣共稱沃壤。起邵伯北抵寶應，蓋三百四十里而遥。原未有閘也，隆慶來，世犖案：字當作「末」〔一二〕，歲水隄決。乃就堤建閘，實下五尺，空其上以度水之溢者，名減水閘，共三十六座。然一座闊五丈，則沿隄加三十六決口，是每次決水共一百八十丈而闊也，雖運濟而田爲壑矣。所賴以瀦，止射陽、廣洋諸湖；出，止丁溪、白駒、廟灣、石礶四口耳。近射陽已漲與田等，它水者可知。丁溪、白駒二塲，建閘修渠，金錢以萬計，不兩年，爲竈丁陰壞之。又鹽城民惑於堪輿之言，石磋之閘啓閉亦虚，止廟灣一綫通海耳。近因淮溢陵寢，泗人告急，議者欲毀高堰，從海口道淮，以周橋之水從子嬰溝入，武墩之水從涇河入，高良澗之水從氾光湖入，尚幸主議者見其難而中止耳。若從其請，欲盡從廟灣一綫出，則高、寶五郡邑沮洳昏墊之民，永無平陸之期，畎畝賦稅公私不將盡廢矣乎！五郡邑水田額糧亦不少，泰州五萬二千三百石，高郵二萬九千九百石，興化五萬六百石，寶應一萬二百七十石。

高家堰在氾光湖西北，乃漢揚州刺史陳登築，當時水利大興，宋轉運使張綸修之，平江伯陳瑄又修之，非今日始也。堰之地去寶應高可一丈八尺，高郵高可二丈二尺，而高、寶堤去興、泰田有高一丈者，有八九尺者，其去堰愈下，不啻三丈有奇。若堰開，則水激如箭，登時巨浸。故議泗溢而欲開堰者，不爲淮南計，未可也。或謂開堰則可導淮，繇瓜、儀入江。不知淮南地繇高、寶而東則俱下，繇邵伯而南則又昂。漕河高於湖者六尺餘，鑿之通湖，流達瓜、儀，僅可轉漕耳。今高廟一帶四十里，兩岸如山峙，稍遇旱乾，常苦淺澀，且儲五塘水預接濟之。萬曆五年，大闢通江諸口矣，湖水減不盈咫，漕河舟楫三十里内幾不通；二十年又開金家灣、芒稻河矣，堤決如故，湖水東奔未少殺，此南北低昂之一驗也。或又謂堰不開則淮不出，不知堰下洪澤、阜陵諸湖亦低與高、寶同。仰受淮水如釜底，皆清口沙限之如門檻，然闢清口則淮出矣，不然，二十一年高澗決七十餘丈，而泗城水減不過尺許，則泗溢不盡谿堰也。此見陳大理應芳《水議》中。

淮陽年少武健鷙愎，椎埋作奸往往有厄人胯下之風。鳳、潁習武好亂，意氣傐人，雄心易逞。白下則鮮衣冶容流連光景，蓋六朝餘習猶有存者。大抵古今風俗不甚相遠。

維揚中鹽商，其鹽廠所積有三代遺下者。然長蘆鹽竊之淮陽賣，而淮鹽又竊之江南賣。長蘆之竊，其弊竇在往來官舫；淮揚之竊，其作奸在孟瀆流徒。淮鹽歲課七十萬五千一百八十引，徵銀六十萬兩，可謂比他處獨多矣，而鄢懋卿督理時〔一三〕，欲以增額爲功，請加至百萬。徵不足則括郡縣贖鍰，及剥商人餘貲足之。商人多破産，怨嗟載道。及嘉靖末年分宜敗，御史徐爌上其狀，司農覆議，始減照原額，從之。

揚州五塘：一曰陳公塘，延袤八十餘里，置自漢陳登；一曰句城塘，六十里，置自唐李襲譽；一曰小新塘，一百一十里；一曰上雷塘、下雷塘，各九十里，皆創自先朝，千餘年停蓄天長、六合、靈、虹、壽、泗五百餘里之水。水溢則蓄於塘，而諸湖不致氾濫，水涸則啓塘閘以濟運河。嘉靖間，奸民假獻仇鸞佃陳公塘，而塘堤漸決。鸞敗而嚴世蕃繼之，世蕃敗而維揚士民攘臂承佃，陳公塘遂廢。一塘廢，而諸塘繼之。夫五塘大於氾光〔一四〕、邵伯、五湖數倍，水既不入塘，惟汎於湖，故湖堤易決，他日堤東興、鹽、高、泰五州縣之民悉爲魚矣。所佃之稅止七百餘金耳，視五州縣之民數百萬，糧二十餘萬，何啻倍蓰之？而竟不可復者，則以今之所佃，皆豪民、富商，及院道衙門積役，其勢足以動搖上官，故雖以家司寇督漕，吴太守理郡，皆銳意復之，竟亦中止。

廣陵蓄姬妾家，俗稱「養瘦馬」，多謂取他人子女而鞠育之，然不啻己生也。天下不少美婦人，而必於廣陵者，其保姆教訓，嚴閨門，習禮法，上者善琴棋歌詠，最上者書畫，次者亦刺繡女工。至於趨侍嫡長，退讓儕輩，極其進退淺深不失常度，不致憨戇起爭費男子心神，故納侍者類於廣陵覓之。

揚子江南零水與建業石頭下水異，此出《茶經・水辯》中。謂唐李季卿刺湖，遇陸處士，使操舟取南零水煮茶，陸揚以杓，曰：「江則江矣，非南零，似石頭下水也。」既傾至半，曰：「是矣。」使服曰：「某所取南零水抵岸，蕩覆半，挹岸水增之耳。」李嘆駭。問海內諸水優劣。羽曰：「楚水第一，晉水最下。」李命筆，羽遂次第二十水。歐陽公又傳羽論水以山水上，江水次，井水下。又云：「山水，乳泉石池漫流者上，混涌湍瀨勿食，令人有頸疾；江水取去人遠者，井取汲多者。」張又新《小記》又云：「劉伯芻謂，水之宜茶者七，皆出於羽。今次劉、陸水品：劉以揚子江第一，惠山石泉第二，虎丘石井第三，丹陽寺井第四，揚州大明寺井第五，松江第六，淮水第七，與羽皆相反。羽以廬山康王谷第一，惠山泉第二，蘄州蘭溪石下水第三，峽州扇子峽蝦蟆口第四，虎丘第五，廬山招賢寺下方橋潭第六，揚子江南零第七，洪州西山瀑布第八，桐柏淮源第九，廬州龍池山頂第十，丹陽觀音寺井十一，揚州大明寺井十二，漢江金州中零十三，歸州玉虛洞香溪十四，商州武關西路水十五，松江十六，天台千丈瀑布十七，郴州圓泉十八，嚴陵灘十九，雪水二十。如蝦蟆口、西山瀑、天台瀑，羽皆教人弗食。」今使余嘗一水，此水美惡則立辨之，明至他處，口已遺忘矣，安能併海内而記其次第。品藻之如余輩，真所謂鮮能知味也。若留都城内井，則皆穢惡不堪食，又多鹻，余嘗取秦淮水，礬澄之。

茅山初名句曲，《道書》第八洞天第一福地。後因三茅君得道於此上昇各占一峰，故又稱三茅山。《金陵志》：「茅山與蜀岷、峨相首尾，蔣山實其脈之盡者。」固然。然茅山不得與岷、峨首尾也，爲岷、峨尾者乃天目耳，句曲亦從天目發龍。

太湖三萬六千頃，山環七十二峰，中有洞庭兩山，亦名包山。下有洞穴潛行水底，九疑、衡岳無所不通，號爲「地肺」，《道書》第九洞天，《禹貢》謂之震澤，《周官》、《爾雅》謂之具區。其別名曰五湖，以其派通五道。虞翻謂：東通長洲松江，南通安吉霅溪，西通宜興荆溪，北通晉陵滆湖，西南通嘉興韭溪者是也。張勃《吴録》謂：其周行五百里，故以爲名。《義興記》謂太湖、射湖、貴湖、陽湖、洮湖爲五湖，韋昭謂胥湖、蠡湖、洮湖、滆湖、太湖爲五湖，《水經》謂長塘湖、射貴湖、上湖、滆湖、太湖爲五湖，《圖經》謂貢湖、游湖、胥湖、梅梁湖、金鼎湖爲五湖，《史記正義》謂菱湖、游湖、漠湖、黄湖、胥湖皆太湖東岸五灣爲五湖，皆出臆度。

三江，以吴松江爲主，在吴江東，源出太湖，又名松陵江，又名松江，又名笠澤，經崑山入海。顧夷《吴地記》云：「松江東北行七十里得三江口，東北入海爲婁江，東南入海爲東江，並松江爲三江。」言經三江入海，非入震澤也。此與唐仲初《吳都賦》同，乃以吳三江言。其他如以松江、錢塘、浦陽爲三江者，韋昭之註也。以歷丹陽、毗陵入今大江者爲北江，首受蕪湖東至陽羡者爲中江，分外石城過宛陵入具區者爲南江，此黄鄮山之論也。以出岷山至楚邦名南江，至潯陽爲九道名中江，至南徐州名北江入海，此徐鉉之註也。岷山，大江所出；峽山，南江所出；嶇山，北江所出；三江皆發源外蜀，而注震澤，《禹貢》紀其源而及其委，此《山海經》之註也。此皆以天下言。大都三江既入，當以《吳地記》爲正，蓋此皆太湖水也。或者其初蕩溢，至江口分而入海，乃遂底定，亦疏九河之意，何必牽强以至蜀都[一五]。

三江口在姑蘇下流，《國語》所謂「越王擒之於三江之浦」是也，故當以《吳地記》爲正。今吳松江本支雖間湮塞，河身故存，黄浦即東江之别名，劉河乃婁江之舊跡。劉河則自入海，黄浦入處則與吳松共口矣。吳松南至錢塘内，海鹽、平湖、金山、華亭、上海共一捍海堤，並無涓滴自入江海。自吳松北至京口，則七浦、楊林諸河徑入海，白茆、福山、孟瀆、九曲等河徑入江，共二十餘河。前代滄桑不能盡考，乃近日所導，則萬曆辛巳行水使者闞治江中淤塞四十里，復吳淞江之舊，又决去吳淞灘漲數十處，使太湖積水直流吳淞。又濬松之山涇等港，秀州、官鹽鐵、蒲匯、六磊等塘，洩澱泖之水於黄浦，浚蘇之吳塘、顧浦，戚、虞涇，南北横瀝等處，洩崐、嘉、太倉諸水於劉河，復浚白鶴溪、荆城港、西汎裏河，洩長蕩、荆溪諸水入外運河，其他白茆、七浦自入江海，又於夏駕、漫水江口並建一閘。蓋吳中唐以前未有水患，始自吴江長堤之築。國初夏忠靖專力夏駕、新洋，一時裨益，其後新洋湍悍深闊，而吴淞脈微，土人以此稱爲漫水港。大都水之利害，古今異宜，數十年後，三吴又不知作何講求耳。

姑蘇張士誠王宫之址，當時取三興土培築以成者，謂嘉興、長興、宜興也，止取興義，輒輕用民力至此。本朝遂空其地，任民間自挖取之。

蘇、松賦重，其壤地不與嘉、湖殊也，而賦乃加其什之六，或謂沉没萬三世犖案：原本作「三萬」。時，簡得其莊佃起租之籍，而用以起賦。或又謂張王不降之故，欲屠其民，後因加賦而止。皆不可曉。畢竟吴中百貨所聚，其工商賈人之利又居農之什七，故雖賦重，不見民貧。然吴人所受糧役之累，竟亦不少，每每僉解糧頭，富室破家，貴介爲役，海宇均耳，東南民力良可憫也。今總吴中額賦：蘇州縣八，至二百二十六萬四千石；松縣三，至九十五萬九十石[一六]。嘉縣七，止六十一萬八千石；湖州縣六，止四十七萬石。常、鎮比嘉、湖雖過什之三，比蘇、松尚少十之六。

姑蘇人聰慧好古，亦善倣古法爲之，書畫之臨摹、鼎彝之冶淬，能令真贋不辨。又善操海内上下進退之權，蘇人以爲雅者，則四方隨而雅之；俗者，則隨而俗之。其賞識品第本精，故物莫能違。又如齋頭清玩、几案牀榻，近皆以紫檀、花梨爲尚。尚古樸不尚雕鏤，即物有雕鏤，亦皆商、周、秦、漢之式，海内僻遠皆效尤之，此亦嘉、隆、萬三朝爲盛[一七]。至於寸竹片石摩弄成物，動輒千文百緡，如陸子匡之玉、馬小官之扇、趙良璧之鍛，得者競賽，咸不論錢，幾成物妖，亦爲俗蠹。

虎丘天池茶今爲海内第一。余觀茶品固佳，然以人事勝。其採、揉、焙、封法度，錙兩不爽，即吾台大盤不在天池下，而爲作手不佳，真汁皆揉而去，故焙出色、味不及彼。又多用紙封，而蘇人又謂紙收茶氣，咸盛以磁罐，其貴重之如此。余入滇，飲太華茶，亦天池亞。又啜蜀凌雲，清馥不減也。然鴻漸《茶經》乃云：「浙西以湖州上，常州次，宣州、杭州、睦州、歙州下，潤州、蘇州又下；浙東以越州上，明州、婺州次，台州下；劍南以彭州上，綿州、蜀州次，邛州次，雅州、瀘州下，眉州、漢州又下。」而不及嘉與滇，豈山川清淑之氣鍾之物者，故與時異耶？

吴中子弟嗜尚乖僻，耑欲立異上人，邇者一二怪民遂因而釀亂，翩翩裘馬公子爲所煽惑而入之，幾墮家聲。然有司不能拯解，緣以文致其詞，捕風捉影，網羅成獄以實上官之舉，亦可憫也。

李太白晚依當塗令李陽冰，其族也。故宛陵山川，一丘一壑，猿狙之窟，黿鼉之宫，無所不到，賦咏亦多。又其嚮往謝公，屬意青山，生則流連，死而葬之，真見古人風度。騎鯨捉月之事幻妄可笑，不知何自得來。

山居人尚氣，新都健訟，習使之然。其地本勤，人本儉，至鬬訟則傾貲不惜。即官司笞鞭，一二杖參差便以爲勝負，往往浼人居間。若巨家大獄，至推其族之一人出爲衆死，或抹額叫闕，或鎖喉赴臺，死則衆爲之祀春秋而養子孫。其人受椎不死，則傍有死之者矣。他方即好訟，謀不至是。鋪金買埒，傾産入關，皆休、歙人所能。至於商賈在外，遇鄉里之訟，不啻身嘗之。醵金出死力，則又以衆幫衆，無非亦爲己身地也。近江右人出外亦多效之。以上南京。

【校勘記】

［一］燕有興王之理：楊刻本無「燕」字。

［二］元都：疑當作「南都」。

［三］癸亥：底本作「癸叛」，「叛」爲「亥」字誤植，今徑改。

［四］叛：底本作「亥」，「亥」爲「叛」字誤植，今徑改。

［五］直省：楊刻本作「省直」。

［六］畫圖：楊刻本作「圖畫」。

［七］沈大宇：楊刻本作「沈太宇」。

［八］祀：楊刻本作「祠」。

［九］清溪：楊刻本作「青溪」。

［一〇］源：楊刻本作「原」。

［一一］侵：楊刻本作「浸」。

［一二］隆慶來：「來」字宋世犖謂當作「末」。按：「來」字或不誤，前有「隆、萬來黄高勢陡」可證。若作「末」，與下「歲」字連讀。

［一三］鄢懋卿：楊刻本作「鄢茂卿」。

［一四］氾光：楊刻本作「范光」。

［一五］都：或爲「耶」之訛。

［一六］九十石：楊刻本作「九千石」。

［一七］爲盛：楊刻本作「爲始盛」。

廣志繹卷之三

江北四省

周、宋、齊、魯、晉、衛，自古爲中原之地，是聖賢明德之鄉也，故皆有古昔之遺風焉。入竟問俗，恍然接踵遇之，蓋先王之澤遠矣，故以次於兩都。

河南諸水以河爲經，附河諸郡水濟、潁、睢、淝、溱、洧、伊、洛、瀍、澗俱入焉。北以衛河爲輔，而漳於境外合之；南以淮河爲輔，而汝自境内合之，然多截流橫渡而已。春夏水漲則堤岸爲魚，冬水涸則沙灘成地，無舟楫之利，無商賈之埠，無魚鱉之生，間或有之，亦不多也。惟南陽泌、淯諸水，皆南自入漢，若與中州無涉者，然舟楫商賈反因以爲利。

中州山皆土壠，不生草木，亦不結鉗，局氣行於地而不行於山也。惟崧高土皮石骨，蒼翠相間，特出爲奇。其他則西南邊境處間有青山，山脈亦自西南而來，下終南，歷商洛、武關，東則一支循伊、洛、龍門而行去，爲嵩山；南則一支出魯山，經泌陽、桐柏去爲荆山，直循淮、泗南行爲正幹。

黄河故道，由大名趨河間，往直沽入海。自隋煬帝欲幸江都，龍舟十四丈，汴水狹不能容，乃引河入汴。當時止一時度舟計耳，不意河流迅急，一入不回，遂爲千百年之害。蓋河北地勢高，汴河身低，又河南土甚疏理，任其衝突奔潰，故一入不回。余見世廟時有欲求禹故道者，真迂儒之言也。

三門而下，石磧如山，連延百里。河過砥柱，響聲如雷。漢時轉漕關中，皆繇此路，不知何以挽舟而上。或謂古有月河，今石磧中皆無形影可求。

中州雖無山，然出美石，黑者如清油，白者如截肪，不若江南之粗理也。桐柏花石更佳，不減大理。諸果品味勝，爲沙土所植。其田土甚寬，有二畝三畝作一畝，名爲大畝，二百四十弓爲小畝。地廣人稀，真惰農也。

八郡惟睢、陳難治，以多盜故。光、羅山難治，以健訟故。盧氏、南召難治，以好逋故。洛中難治，以豪舉故。滎陽、滎澤難治，以衝疲故。

大河南北自古爲戰爭之地，治平以來，忘戰久矣。官無一將帥，民無一兵勇，都閫諸職掌，不過具軍衛尺籍焉已。民壯弓兵之設，止備郡邑勾攝，雖有唐、汝諸守備名爲防礦，而麾下無一卒，且白蓮教諸左道與師尚詔、曹侖等往往竊發，安得謂中州盡無事也？若待有事索兵則晚矣。故甲午飢民之亂，當事者袖手而計無出。余初入省垣，謂中州當立一游擊，募兵二千，隨地練習以防意外，譚者以爲迂，及陳金、王自簡等變起，始信余言之不誣也。

四瀆惟濟水奇，性喜伏流。流雖伏，然迅急與地上等。本穿黄河截流而過，又能不與河水混，及其千里出地爲跑突，高六七尺。濟源出初之處，又能洄伏藏匿，所浮物至年餘而出，若用機者然。造物之怪如是。

河北三府，幅員不能當一開封，業已分封趙、鄭二府矣。近乃又改潞府於衛輝，城池既狹，人煙又稀，土田少沃，與衡陽相去遠甚。且通省建藩已至六國，尚有廢府諸郡，兩河民力疲於禄米之輸甚矣，而諸藩供億尚爾不足。諸藩惟周府最稱蕃衍，郡王至四十八位，宗室幾五千人，以故貧無禄者，不得不雜爲賤役，或作爲非僻。稍食禄而無力以請名封者，至年六七十猶稱乳名，終其身。故諸無禄庶人，八口之飢饉既不免，四民之生理又無望，雖生於皇家，適以囚禁之，反不如小民之得以自活也。數年之内，生育愈繁，不知何以處之。

中州俗淳厚質直，有古風。雖一時好剛，而可以義感。語言少有詭詐，一斥破之，則愧汗而不敢强辯。其俗又有告助、有喫會。告助者，親朋或徵逋追負，而貧不能辦，則爲草具，召諸友善者，各助以數十百而脱之。喫會者，每會約同志十數人，朔望飲於社廟，各以餘錢百十交於會長蓄之，以爲會中人父母棺衾緩急之備，免借貸也。父死子繼，愈久愈蓄。此二者皆善俗也。

汴城在八郡中爲繁華，多妖姬麗童，其人亦狡猾足使。城中壽山、艮岳乃宋時以童貫領花石綱爲之者，石至數十丈，今尺塊不存，不知移於何處。城外繁臺，土人念「繁」爲「博」，亦未審其義所自始。或云即梁孝王平臺，又云師曠吹臺。上有大禹廟，貌「河洛思功」字，然廟貌狹，不稱所以祠禹者。

周公測景臺在登封五十里村中，舊郜縣也，對箕山許由冢。有所遺量天尺存，其所豎小石碑，果夏至日中無影。古云陽城天地之中，然宋時測景又近汴。唐顔魯公又於汝寧城北小阜立天中山碑，亦謂夏至無影。

周公卜洛時，未有堪輿家也，然聖人作事，已自先具後世堪輿之説。龍門作闕，伊水前朝，邙山後環，瀍、澗内裹，大洛西來，横繞於前，出自艮方。嵩高爲龍左聳，秦山爲虎右伏，黄河爲玄武後纏，四山城郭，重重無空隙。余行天下郡邑，未見山水整齊於此者，獨南北略淺偪耳。

洛陽水土深厚，葬者至四五丈而不及泉，轆轤汲綆有長十丈者。然葬雖如許，盜者尚能以鐵錐入而嗅之，有金銀銅鐵之氣則發。周、秦、漢王侯將相多葬北邙，然古者冢墓大，隧道至長里餘者，明器多用金銀銅鐵，今三吳所尚古董，皆出於洛陽。然大冢禁於有司不得發，發者其差小者耳。古器惟鏡最多：秦圖平面，最小；漢圖多海馬、葡萄、飛燕，稍大；唐圖多車輪，其緣邊乃如劍脊。古者殮用水銀，此鏡以掩心，久之尸蝕，而水銀不壞，則鏡收之。故硃砂、翡翠以年代久近爲差。瓦羽觴不知其何始，冢大者得百千隻，以蠟色而香者爲佳，若氣帶泥微青而滲酒者，皆贋爲之耳。郭公磚長數尺，空其中。亦以甃冢壁，能使千載不還於土。俗傳其女能之，遂殺女以秘其法。今吳、越稱以琴磚，寶之，而洛陽巨細家牆趾無不有也。

洛陽住窑，非必皆貧也，亦非皆範磚合瓦之處。遇敗冢，穴其隧道，門洞而居，亦稱窑；道傍穴土而居，亦稱窑；山麓穴山而棲，致挖土爲重樓，亦稱窑。謂冬燠夏凉，亦藏粟麥不壞，無南方霉濕故也。

陝州、靈寶二城，皆西北濱河，南阻山，東南通一綫路。河崖高尋丈，故水不溢入城。陝州城無水，乃自交口引涓涓來，四十里穿城樓上過，滴召公池中。

自洛陽西行，左秦山，右邙山，皆綿亘數百里，直至函谷，中夾綫路而已。邙山外則大河包之，秦山後則萬山叢出，故秦關百二，真天險也。新安縣在山上，東西可一里，南北僅百步。自新安上山，至義昌始下平坡。義昌，澠池所轄也。過澠池，至硤口又上山，大抵入秦之道皆仰行。孟津在邙山外，止轄河坡一帶，縱不過五里，横十之，與新安二縣爲洛中最小而疲。

衛水發源蘇門山，如珠璣百萬，飛躍可愛。蘇門嘯臺爲孫登、阮籍也，其後李之才、邵堯夫輩聞風興起，今皆祀之，而獨不及籍，豈謂籍人品在諸公下耶？

曹操七十二疑冢，皆聚於一處，不數十里而遠，今亦有沉於漳河中者。陶九成曰：「會須盡伐七十二疑冢，必有一冢藏操尸。」余謂以操之多智，即七十二冢中，操尸猶不在也。

函谷新、舊二關。舊函谷在靈寶，去河岸數十里，正老子騎青牛、尹喜望紫氣處也。新函谷在新安。漢時重關内族，以謂帝里之民[二]，故徹侯不治事者謂關内侯。樓船將軍楊僕伐越歸，恥爲關外人，乃盡獻家貲，請徙關内。武帝遂爲移關於其家外以就之。漢家法紀，乃至於是。

洛陽舊有永寧寺，後魏熙平元年靈太后胡氏所立也。中有九層浮圖，架木爲之，舉高九十丈，有刹復高十丈，合去地千尺。去京師百里，遥已見之。初，掘基至黄泉下，得金像三十軀，太后以爲信法之徵，是以營建過度。刹上有金寶瓶，容二十五石。瓶下有承露金盤三十重，周匝皆垂金鐸。復有鐵鏁四道，引刹向浮屠四角。鏁上亦有金鐸，鐸大小如一石甕子，共一百十二鐸。浮圖四面，面有三戸六窗，上有五行金鈴，合五千四百枚，復有金環鋪首。殫土木之功，繡柱金鋪，駭人心目，風中聞十餘里。北有佛殿，形如太極，中有丈八金像一，人長金像十，繡珠像三，織成像五，奇巧冠世。僧房樓觀千間，皆雕梁粉壁，青鎖綺疏，異卉奇花，布滿堦墀。園牆皆效宮牆，門效端門，夾以力士、金獅，皆飾金銀珠玉。青槐緑水，路斷飛塵。時有西域沙門達摩，年百五十歲，云歷游諸國，此寺精麗，遍閻浮所無也，極佛界亦無有此。孝昌二年大風，寶瓶落，入地丈余，復更新之。後永熙三年二月，浮圖爲火所焚。初起第八級中，當時雷雨晦冥，雜下霰雪，百姓道俗觀火者悲哀振天。時有三比丘赴火死，經三月不滅。有入地柱火，尋柱周年猶有煙氣。其年五月，有人從象郡來，云見浮圖於海中光明奪目，海上人咸觀之，詳《伽藍記》。

伏牛山在嵩縣，深谷大壑之中數百里。中原戰爭兵燹所不及，故緇流衲子多居之。加以雲水游僧，動輒千萬爲群，至其山者如入佛國，唄聲梵響，别自一乾坤也。然其中戒律齊整，佛土莊嚴，打七降魔，開單展缽，手持貝葉，口誦彌陀，六時工課，行坐不輟。良足以引游方之目，感檀越之心，非他方刹宇可比。少林則方上游僧至者守此戒，是稱禪林。本寺僧則啜酒啖肉，習武教藝。止識拳棍，不知棒喝。

南召、盧氏之間多有礦徒，長槍大矢，裹足纏頭，專以鑿山爲業，殺人爲生，號「毛葫蘆」。其技最悍，其人千百爲群，以角腦束之。角腦，即頭目之謂也。其開採在深山大谷之中，人跡不到，即今之官採，亦不敢及。今所採者，咸近市井道路處也。聞此一時，貂璫以狐假虎，殺人而吮其血，按撫袖手而唯唯[二]。宛、洛之間，初至報富室，以爲硐頭，非厚賂不免。惟視礦脈，則於富人墳墓掘之，又非厚賂不免。其借歇公差，寄頓官物，必尋富人之莊，又非厚賂不免。貧人則自裹糧而執役，中産則計門攤以賠稅，而奏官仲春等踉蹡剥削，擅逞淫刑，亡論貧富，人皆坐諸湯火。藩司費萬金之出，内帑不能得萬金之入。昔人謂：「内帑之一金，府庫之十金，民屋之百金也。」良然。朝廷此舉，聽於仲春之一言，仲春之肉不足食，第恐中州禍亂，不知所究竟也。

汝寧郡治一門兩石臺，舊吴元濟牙臺也。此淮、蔡之地，古稱亂邦，險要之説，不可以時平而廢。府城正北，突出爲半規，建府治其中，流汝水於下，今汝齧於城之足矣。決汝水逆於西門，則城浸；鑿河崖穴地道，則半規者壞而不守，非計也。汝屬惟信陽據險，城築於山岡之上，四面皆低，又澌水在前，淮河在後，最易守。

汝寧惟光州所屬光、固、商、息爲南五縣，通淮河，稍集商旅，聚南貨，覺文物與諸縣差殊，人才亦輩出。光山一薦鄉書，則奴僕十百輩皆帶田産而來，止聽差遣，不費衣食，可怪也。商城自固始分，當時草草，分民不分土，至今商城民住固始城中，田耕於固始村内。固始亦然。兩縣令常以逋逃拘集而成口語。

確山南多稻田，近楚俗；北乃旱地，漸見風塵。其城四里，曾經流賊入屠之，今城中民不二三百家，又多縉紳巨族。女牆睥睨七百餘，有城而誰與爲守？且貿易、店鋪、穀粟皆聚於東門之外，一燎則城中坐困矣。縣後與學後又皆空地，氣象蕭索。余故移一集於城中空處，使人烟喧鬧以招徠。目下生氣且集，場既立，店舍漸興，則穀粟可以次入城，而此歸市之民，即守城之衆，亦以默寓百年久遠之計。奈後來者不能深識余情，而遽罷之。

汝寧稱殷，然煙火稠，薪桂是急。雨雪連朝，即富室皆裂門壁以炊。朗陵近有煤山，然土嫩未成，余曾鑿燒之，無燄，想百餘年後用物耳。

汝寧本樂土，癸巳、甲午大荒，殺人以食，死尸横道，有骨無肉，汝、潁城中明貨人肉，以當屠肆。最可恨者，寶豐楊松家有祖、父，其祖餓甚，令松謀父烹之，松遂殺父，與祖共食，此亦天地之一大變也。故流賊四起，賊首確山、泌陽、桐柏間則陳金，汝寧則王商，汝、潁間則王自簡。皆號召千百人，張輿蓋，執干戈以叛。所幸浮光、商、固五州縣豐稔，助亂者寡，不能成大事也。蓋荆山之北，汝寧之南，左有金剛臺，右有栲栳山，皆亂民所必資。金剛臺在商城，山高數十里，其上平原，周十餘里，立營置寨，足屯數千人，土沃可耕，路險阻不得上，與麻城天臺山相爲犄角。栲栳山在確山、桐柏間，山高與金剛臺同，其上則連大山，逶迤數百里不絕。吴元濟昔據之以得淮、蔡，城牆臺基、闌干石址俱存。俗又稱方城山，謂即楚方城。如草澤風塵，二處皆當扼塞。

宛、洛、淮、汝、睢、陳、汴、衛自古爲戎馬之場，勝國以來，殺戮殆盡。郡邑無二百年耆舊之家，除縉紳巨室外，民間俱不立祠堂，不置宗譜。爭嗣續者，止以殮葬時作佛超度所燒瘞紙姓名爲質。庶民服制外，同宗不相敦睦，惟以同戶當差者爲親。同姓爲婚，多不避忌。同宗子姓有力者，蓄之爲奴。此皆國初徙民實中州時各帶其五方土俗而來故也。

閭閻不蓄積，樂歲則盡數糶賣以飾裘馬，凶年則持筐篋，攜妻子逃徙趁食。俗又好賭，得貧人得十文錢，不賭不休。賭盡勢必盜，故盜益多。且又不善盜：入其家則必殺人，乃所得皆重累易認之物，今日所劫衣履，明日即被服之，而爲人所獲。故每盜或十餘人駢首就戮，乃所而計贓乃不值一金。余每心憐之，而無法以脱也。

中州僧從來不納度牒，今日削髮則爲僧，明日長髮則爲民，任自爲之。故白蓮教一興，往往千百爲群，隨入其中，官府無所查覈。爲盜者亦每削髮變形入比丘中，事息則回。無論僧行，即不飲酒食肉者，百無一人。以上係河南。

關中多高原橫亘，大者跨數邑，小者亦數十里，是亦東南岡阜之類。但岡阜有起伏，而原無起伏，惟是自高而下牽連而來，傾跌而去，建瓴而落，拾級而登。葬以四五丈不及黃泉，井以數十丈方得水脈。故其人稟者博大勁直而無委曲之態，蓋關中土厚水深，川中則土厚而水不深，乃水出高原之義，人性之稟多與水推移也。

南山，謂終南山也，脈自大散關而度，左渭右漢，黑、白兩龍江注之。其東出者，自武功、太白牽連而至商洛，皆是南山，如太行在燕、代，隨處異名耳。太白極高，上有積雪，盛夏不消。諺云：「武功太白，去天三百。」山下軍行鳴鼓角，則疾風暴雨立至。今乃爲盜據而窟之，游人莫到，使山靈受汙。武功亦北連太白，與之並峙。太華削成四方，高五千仞，自回心石以上仰躡四十里，少華三峰副之。終南正面亘藍田、盩厔，中對長安。登者經樊川、杜曲。諺云：「城南韋杜，去天尺五。」韋乃安石別業，倒官中囊爲之。杜則岐公墅，而孫牧增爲者。二曲爲唐長安林泉花竹最勝，今皆荒落。自此入山走深谷大壑，即三四百里不能窮。中多修道求仙人數百歲者，雲水游人往往覓得之。子午谷去城南百里，路自南通北，正對長安，故名。然止單人獨騎可行，昔魏延請孔明出軍，貴妃飛騎進荔枝，皆此。

長安爲周、秦、漢、隋、唐所都，歷代位置亦非一處，然皆不出五十里之外。周后稷封邰，在斄城，今爲武功縣。其後不窋失官，竄於戎狄，則慶陽有不窋城。公劉徙邠，繄邠州。太王遷岐，繄岐山。至文王遷豐，始近今長安之境，繄鄠縣，豐水出其谷焉，靈臺基址尚存。又東則爲鎬水，武王都鎬，繄與豐東西對峙，相去二十五里，名宗周也。諸家皆言漢武穿昆明池，鎬京故基淪入於池。秦始保西垂，至非子居犬丘，當是畜牧之地，繄今興平。始皇改名廢丘，示周廢不復興也。孝公始作咸陽，築冀闕而都焉。其地九嵕之南，渭水之北，山以南爲陽，水以北爲陽，故曰咸陽。然《史記》、《黄圖》皆云始皇都咸陽，引渭水貫都，以象天漢；横橋南渡，以法牽牛，則是跨渭水而都之。漢長安城在龍首山上，周豐、鎬之東北也。龍首來自樊川，其初由南向北，行至渭濱乃始折而東。漢之未央據其折東高處爲基，故宮基直出長安城上。建章、昆明皆在原西，而秦長樂離宮，漢修之，亦東西峙焉。其後以居母后，名東朝。《三秦記》曰：「此山長六十里，頭入渭水，尾達樊川，頭高二十丈，尾低可六七丈，色赤。」漢既據其上立未央宮矣，而山勢尚東趨，唐大明宮又據其趨東之壠，故含元正殿高平地四十尺也。若此山方北行未東之時，垂坡東下爲龍首原。原有六坡，象《易》乾卦，隋包六坡爲都城，大興宮殿據第二坡，應第二爻。唐建都因隋無改，止易宮名太極。至高宗風痺，惡太極下濕，遂遷據東北山上，別爲大明宮。至山勢盡處，引水以爲蓬萊山池。因名大興爲西內，大明爲東內，又於別建興慶宮爲南內，此五代都長安大略也。咸陽有三：秦城在本朝縣東三十里，隋城在縣東北二十里，唐城在渭水北杜郵館西。鎬京東徑磁石門乃阿房之西門，名却□門[三]，冀以吸□人隱刃，正在鎬水入渭之處。漢都長安，其城在渭之南，而秦咸陽之東南也，故項羽自霸上而入秦都，皆曰西上咸陽也。隋都亦在長安，實漢城東南十三里。今西安府坐龍首山南十里，未央東南十四里，則今城正當大興舊址。

長安宮殿惟秦、漢最盛，想當時秦、隴大木多取用不盡。若今嘉靖間午門三殿災，萬曆間慈寧、乾清災，動費四五百萬金，府庫不足，取之事例；不足，又取之捐俸；不足，又取之開礦。一木之費，輒至千金。川、貴山中，存者亦罕，千溪萬壑，山水爲難，即欲效秦漢百一未能也。姑舉兩朝崖略，秦始皇所造宮室，多在渭北，每破侯國，即放寫其宮室，作之咸陽北坂上，以所得美人充之。起咸陽而西至雍，規恢三百里，離宮別館，彌山跨谷，複道相屬，鐘鼓帷帳不移而具。又三十五年，別度渭南立上林苑，中建阿房宮，東西五十步[四]，南北五十丈，上可坐萬人，下建五丈旗，車行酒、騎行炙。記其綿亘，則閣道八十里，直抵麗山，表南山之闕以爲塞，絡樊川爲池，以木蘭爲梁，以磁石爲門，度渭象太極，閣道抵營室也。其他萯陽、棫陽、平陽、橐泉、長楊、祈年諸宮，不暇殫舉。漢修長樂，周二十里，又起未央宮，周二十八里，前殿東西五百尺，深百五十丈，高三百五十尺。至孝武，以黃金爲壁帶，文杏爲橑柱，金鋪玉戶，華榱璧璫，雕楹玉飾，青鎖丹墀。又作建章宮，周三十里，於宮西跨城作飛閣，搆輦道以上下爲千門萬戶。前殿下視未央，別作鳳闕對峙。井幹樓，樓閣俱高五十丈，輦道相屬焉。而左鳳闕，北員闕，則高皆半之。甘泉宮周十九里，去長安三百里，望見長安。他如集靈、五柞、回中、北宮、長信，不暇殫舉。《黄圖》曰：「秦北至九嵕，南至鄠、杜，東至河西，西至汧、渭之交，東西八百里，南北四百里，離宮三百，相望聯屬，木衣綈繡，土被朱紫，宫人不移樂不改懸，窮年忘歸，猶不能遍。漢畿千里，内外宫館一百四十五所。」

長安稱關中，蓋東有函關，西有散關，南有武關，北有蕭關，而長安居其中。其他如大震關之在隴右，瓦亭關之在固原，駱谷關之在盩厔，子午關之在南山，蒲津關之在同州，豹頭關之在漢中，設險守國，皆在名義之内[五]。

始皇陵倚驪山下，作者刑徒數萬，雖其璧玉爲星辰，水銀爲江河，金帛機械無所不備，業已下錮三泉，然登陵望之，正當渭水反弓之處，即以堪輿論，固當二世而已[六]。

自秦入蜀有三谷、四棧道。三谷者，其西南曰褒谷；南曰駱谷，從洋入；東南曰斜谷，從郿入。其所從皆殊。舊《志》謂：「駱谷、儻谷同一谷，褒谷、斜谷同一谷。」非是。其棧道有四出：從成、和、階、文出者爲沓中陰平道，鄧艾伐蜀由之；從兩當出者爲故道，漢高帝攻陳倉由之；從褒、鳳出者爲今連雲棧道，漢王之南鄭由之；從城固、洋縣出者爲斜駱道，武侯屯渭上由之。此四道三谷者，關南之險阨，攻取所從來固矣。語見何仲默《三秦志》中，然《志》稱同一谷者，謂褒城谷南口曰褒，北口曰斜，洋縣谷南口曰儻，北口曰駱[七]。

關中三面距險，以東臨六國諸侯言耳，非今之所稱備邊也。雍州山原皆從西北來，西北最高，羌虜據之〔八〕，故關中視中原，其勢俯，視羌虜，其勢仰。甘、凉一路，云「斷匈奴右臂」，蓋不得已而以人爲險守之也。近日虜侵，番常奪路横截而過，時或住牧其中，則西北之險，我已與虜共之矣。此地非漢、唐撻伐，深入其阻，則番、夷竊發，中國安得寧居？聞之陰山、瀚海虜皆野祀漢武、唐宗，如内土地神類，其威靈所慴久也。

關中郡邑最遠者，如鞏昌府成縣去府東南六百里，兩當縣去府東五百六十里，階州去府南八百里，皆白馬氏所居武都故地。延安府葭州去府北六百里，神木縣去府九百里，府谷縣去府東北千一百里，皆周環河套之内。

余行漢中，過禹廟，問漢源，因見大安河自略陽來，其流尤大，不知當時何以表漾爲源也，心疑之。及讀《丹鉛總録》，始知有東、西漢焉，今引而記之。《總録》：「祝穆曰：天下之大川以漢名者二，班固謂之東漢、西漢，而黎州之漢水源於飛越嶺者不與焉。固之所謂東漢，則《禹貢》之『導漾白嶓冢山』，徑梁、洋、金、房、均、襄、郢，復至漢陽入江者也。西漢則蘇代所謂『漢中之甲，輕舟出於巴，乘夏水下漢，四日而至五瀦』者。其源出於西河州徼外，經階、沔，與嘉陵水合，俗謂之西漢，又經大安、利、劍、果、合，與涪水合，入於江。」

藍田關即秦嶢關，圖《七賢過關》者即此。蓋是春雪初霽，張説、張九齡、李頎、李白、鄭虔、孟浩然共訪輞川王維也。當時鄭廣文自爲圖，有詩曰：「二李才名壓二張，歸鞭遥指孟襄陽。」

澄城縣山崩，初爲一山，至是東西分馳三四里，遺址平陷，良爲一奇，此嘉靖丁未六月也。唐武后，臨潼縣因風雷涌出一山，初高六尺，漸高至二丈，因名慶山。以此知古稱穀、洛水鬬，信乎不誣。宋紹興十四年，亦有樂平水鬬。有司奏言，河衝里田水中，類爲物所吸，聚爲一直行，高平地數尺，不假堤防，而水自行，里南程氏家井水溢，亦高數尺，夭矯如長虹，聲如雷，穿牆破樓，二水鬬於杉墩，且前且却，十餘刻乃解。正德中，又有文安縣水忽僵立，是日天大寒，遂凍爲冰柱，高五丈，四圍亦如之，中空而旁有穴。後數日流賊過，人多避其中。山川且然，況人物乎？以是知造物之奇，無所不有。

慶陽緣邊人善蠱術。有爲稻田蠱者，能使其人腹中有土一塊，中出稻芒，穿腸而死。樹蠱者，則出樹枝撐腸。是亦挑生之類。然則是術不獨粵中有之，徐南孺分憲延、慶，爲余言曾閲其牘云。

寶雞以西蓋屋，咸以板用石壓之。《小戎》曰「在其板屋」，自古西戎之俗然也。此地流渠走水，依稀江南，在關中稱沃土。

自古稱棧道險，今殊不然，屢年修砌，可並行二轎四馬。其褒、斜二谷，俯黑龍江，咸乾灘亂石，不知漢張湯何以欲轉漕於渭，豈古今陵谷星淵至是？其站皆軍夫，以百兵爲廒，置長，軍無餼廩，惟自種山田數畝而已。今軍日消，而往來之絡繹如故，是宜有以處之。入川如秋林、富村、古店諸站，丁庶而富，其氣象又與漢中別。

會寧鮮流水源泉，土厚脈沉，泥淖斥鹵，即鑿井極深亦不能寒冽，居民夏惟儲雨水，冬惟窖雪水而飲。峨眉大嶽頂上無水，亦然。

大隴首山牽連六七百里，其上多鸚鵡。行人過此，困頓欲絶，故《樂府》詩曰：「隴頭流水，嗚聲嗚咽；遥望秦川，肝腸斷絶。」崆峒山有玄鶴洞，深無底，中有三玄鶴時出飛翔雲際，游者見之以爲瑞。鳥鼠同穴山，則飛走相爲牝牡，此最異事。鳥曰鵌，鼠曰鼵。

寧夏居黄河下流，大壩可灌，自昔記之。萬曆辛卯之變，朝廷聞報，遂懸通侯之賞，不知廟堂議論，何以張皇如此。當時有請城京師四隅者，有請塞潼關以拒賊出延、慶者。夫至城京師，則中原屬之誰耶？賊患其不出耳，若出延、慶，而撫臣調兵以遮其前，督臣搗巢以截其後，此孫臏伐魏救趙之故智也，將安逃？抑有異者，土、哱、劉、許五賊不相君臣，而並據彈丸，必無自固之理。即以關、張之義，亦必臣劉而可，若五大不相臣，則雖同父母兄弟骨肉無不相猜而相殘者，可計日而用間以破之也。余曾滇中貽趙汝師少宰書，謂不必慮，當固守以待其自敗。果一月而五賊相猜，城遂潰。此一事耳，而舉國若狂，平日所謂邊才安在哉[九]？若五賊推一人爲主，而以其地投虜來入據之，則寧夏終非國有，是可慮耳。

無定河，河名也。此地浮沙善陷，輿人急走急換足，不則陷矣。故名。

甘、凉處原中國地。晉《凉州志》云：「周衰，其地爲狄，後匈奴使休屠、渾邪等王王月支，以地降漢，漢置張掖、酒泉、燉煌、武威、金城，謂之河西五郡。南隔距羌而斷匈奴右臂，以通西域。故張騫通三十六國，班超復定五十餘國，條支、安息，至於海濱四萬里外。」魏、晉後通者不過二三國耳。今人知兩浙爲會稽郡，而不知後魏於燉煌側置會稽郡；人知維揚有瓜洲城，而不知唐於燉煌側置瓜州城；人知嚴州有壽昌縣，而不知唐於沙州南百五十里立壽昌縣。古燉煌，今嘉峪關外地也，即晉之西海郡居延等縣，元爲亦集乃城，蓋在肅州東北五百里。瓜州蓋在肅州衛西五百里，即古西戎地，漢爲玉門關。沙州城蓋在衛西八百里，漢月支地。漢又有龍勒縣，即壽昌地，亦即唐陽關。西北去又數百里爲伊州柔遠縣[一〇]，又西去數百里爲蒲昌縣，又北去數百里爲唐安西府交河縣，其地又遠。而太宗所置伊、西、庭州，高宗所置龜兹、於闐四鎮，總之在玉門之外。而天寶以後，河西、隴右始陷吐蕃耳。本朝守嘉峪，棄玉門以外。大都甘州西去五百里爲肅州，漢酒泉郡。肅州不及百里，即嘉峪。若河西諸郡，皆在甘州行都司之内。甘州即漢張掖，如甘州東北百二十里爲山丹，亦張掖地。東五百里爲鎮蕃，東南三百里爲永昌，五百里爲凉州，南九百里爲莊浪，皆漢武威。東南一千三百里爲西寧，乃古湟中，即漢破羌縣，屬金城郡。古賢如張奂、張芝、索綝、索靖父子[一一]，咸燉煌人。

凉州稱凉者，以西北風氣最寒而名也，五六月，白日中如雪皚皚而下者，謂之明霜。

河套雖古朔方之地，但漢、唐來棄之已久。起寧夏至黄甫川，黄河北繞二千五百里，即南自川至定邊亦一千三百里，以圍徑求之，當得縱横各一千二百里餘。其中皆蕪野荒原，惟虜可就水草住牧，安得中國人居之？即遷人實之，從何得室廬耕作？所謂得其地不足田，得其人不足守，幸而曾議不成耳。即成，費國家金錢數百萬，取之終亦必棄，爲虜復得。惟是銑出身任事之臣，一旦爲姦臣所搆陷，身首異處，不能不令志士髮上指冠也。今以其顛末略志之：先是，嘉靖丙午秋七月，套虜三萬人入寇，大掠延、慶，至三原、涇陽，曾公銑方以少司馬總督三邊，乃毅然請復河套，條爲八議，計萬餘言。帝以連年虜寇，邊臣無以逐虜爲念者，深嘉銑志，切責本兵覆議之遲。丁未五月虜入，大敗我師，銑又襲擊斬獲之，帝又嘉賞銑，又令撫按參酌復套方略，因上營陳八圖及地圖一帙。帝又答以温旨，下部議可，屬銑行。銑遂發甘肅總兵仇鸞十大罪，逮赴京。會是年澄城山崩，分宜嚴相嵩欲奪夏公言首輔，而陸炳亦怨言，助嵩圖之。於是嵩以山崩故，疏陳缺失，謂銑開邊啓釁，誤國大計，言從中主之，淆亂國是。言訴，不聽，下九卿議。冢宰聞淵、御史大夫屠僑、宗伯費寀、錦衣陸炳等希嵩指，劾言輕信銑，徇情擬旨。於是帝怒，奪言官，致仕，逮銑赴京，是戊申正月也。時適俺答入套，延綏撫臣楊守謙奏稱：套內先有狼台吉、薅台吉、都剌台吉駐牧，今俺答復踽冰逾河，聲勢愈重。嵩遂擬旨，謂銑開釁生禍，復下九卿議。於是仇鸞訐銑謀國不忠：「往年虜寇延、慶，多殺傷，銑匿不聞，乃收諸將金錢萬計，通貴近以免。銑明知誘殺撲殺有禁，乃於丁未二月襲虜希功，致全軍没，又匿不聞。臣久知套不可復，銑惡臣，行五千金陷臣。今陝人以調集盡竄，恐憂不在套，在邊圉之內。」時皆謂是疏嵩所授草。淵等又希嵩，論銑果匿邊情，以萬金賄言，當「交結近侍，扶同奏啓」律。以三月論斬銑西市，並逮言於丹陽，用前律以十月斬言[一二]。以上陝西。

濟河在汶上北，云即大清河。《禹貢》：「出於陶丘北，又東至於菏，又東北會於汶，又北東入於海。」酈道元謂：「濟水當王莽之世，川瀆枯竭，伏地而行。」蔡九峰謂：「今歷下凡發地皆是流水，世謂濟水經流其下，故今以趵突當之。」然趵突又引入小清河，則大清河乃濟之故道，非濟之本流。世間水惟濟最幻，即其發源處，盤渦轉轂能出入諸物，若有機者。然昔人以糠試之，云自趵突出。

大明湖下有源泉，又爲諸泉所匯，當城中地三之一。古稱遥望華不注，如在水中。夏時芰荷滿湖[一三]，葦荻成港，汎舟其中，景之絕勝者，惜沿湖無樓臺亭榭以助憩息。城中泉最多，如金綫泉、南北兩珍珠泉、舜泉、杜康泉、趵突泉。總之，趵突佳，入城與諸泉俱匯大湖，出北門達小清河。

山左士大夫恭儉而少干謁，茅茨土階，晏如也。即公卿家，或門或堂，必有草房數楹，斯其爲鄒、魯之風。

古稱封禪者七十二君，今遺跡皆不存，亭亭云云等，存其名而已。泰岱之上，惟日觀側有秦封禪臺。碑石則秦無字碑最古，當萬年不化，大且重。故此石非泰山物，非驅山之鐸，良不能至此。

泰山香稅乃士女所捨物，藩司於稅賦外資爲額費。夫既已入之官，則戴甲馬，呼聖號，不遠千里，十步五步一拜而來者，不知其爲何也？不惟官益此數十萬衆，當春夏間，往來如蟻，飲食香楮，賈人旅肆，咸藉以爲生。視嵩山、廬嶽、雁蕩、武夷，士大夫車騎館穀，專爲邑中之累者，其損益何啻星淵。

大清河，濟水之故道，經流長青、齊河、歷城、濟陽、齊東、武定、青城、濱州、蒲臺、利津入海[一四]。小清河一名濼水，即濟之南源，發趵突，東北經章丘、鄒平、新城、高苑、博興、樂安入海。今亦爲鹽河，兼資灌溉，而淤塞流溢，久離故道，水利失而水害興，各郡邑乃自以意爲堤，而以鄰爲壑。如新城、博興、高苑之民，日尋干戈以競通塞，非朝夕故矣。故爲山東者，必當興復河流，講求故道。使竹口不闢，則西民之水害不除；清河不修，則東民之水利不舉。恐田野荒蕪，終無殷富之日。

孔子廟前之檜，圍不四五尺，高與簷齊。而《志》稱圍一丈三尺，高五丈者。《志》所稱，舊檜也。此非手植，乃手植之餘。蓋手植者，金時燬於火，此其根株復萌蘖者。《志》稱晉永嘉三年枯，隋義寧元年復榮；唐乾封二年枯，宋康定元年復榮，則所指手植者。元至正三年復榮，則所指今檜也。今膚理猶然生意，第不知榮於何日耳。

洙、泗。洙水自尼山來，入沂水同流，今之洙水橋亦非其舊也。泗水出陪尾山下，四源共會，故稱泗。其源清澈可掬，出地激駛，滾滾有聲。至曲阜，南洙北泗，中爲孔林。下濟寧，入徐州，會汴達淮。今會通河奪之雷澤，夏溢秋涸，涸時水入地，聲如雷者經日，故云雷澤。汶水會七十二泉而成，至南旺分流。南北濟運，南流短而北流長。

周公之後有東野氏，有司復其庸調。世疑孔子萬世有土，而周公微不振，然孟子出孟孫氏，自是周公子孫。

山東東、兖二郡水患不盡由本地，本地水乃汶、泗也，流漕河南北則已。惟中州黑洋山水經澶淵坡而東奔曹、濮之間，以一堤限之，堤西人常竊決堤，兼以黑龍潭諸水泙湃汪洋，其初咸自范縣竹口出五空橋而入漕河，邇來橋口淤塞，河臣不許浚之出，恐傷漕水，遂縮回浸諸邑，而濮尤甚。癸巳，余叅藩行荒至其地，爲民講求，止開州永固鋪，一路可開之以達漳河，而開民不肯讓道，築舍無成。乃奏記舒司空，謂河臣止論國計，不恤民生。司空甚銜余，竟格之。然東不開五空橋，西不開永固鋪，濮上左右歲爲沮洳之場矣。

魚臺之在兖西，猶釜底然，黄河身漸高，單、沛堤日益以高，而魚臺水不出，淹處至經四五年。舒司空欲開中心溝洩之以達宿遷。洩之良是也，第溝首接呂孟湖，而湖高又不能洩魚臺之水，新溝下又多礓砂，浚不深，僅僅一綫，洩漕河、汶、泗之溢者濡縷爾。故費五萬金而卒無益於事，不出張憲副朝瑞之所料也。

東、兖之間，郡邑大小不等。如滕，非昔五十里之滕也，西北可五十里，南則幾百數十里而遥，東亦不下百里。而岡阜綿連，盜賊淵藪，故治之難。而滕、嶧間再置一邑爲善。若清平之側又有博平，朝城之畔又有觀城，則贅也。博平四隅鄉村，每方不出二十餘里。若觀城，東、西、北皆不過數里，止東南去十里餘而已，此猶不及一大郡之城，何以爲邑？

鄒嶧山，秦始皇所登以立石頌功德處。一山皆無根之石，如溪澗中石卵堆疊而成，不甚奇峭，而頗怪險。《禹貢》「嶧陽孤桐」，乃特生之桐，非以一樹爲孤也。桐必特生者，謂受風聲耑，故堪琴瑟。今則枯桐寺前果祇留一桐，足稱孤矣，雖非禹時之舊，似亦不下千年物。萬曆戊、已間特榮一枝，次年旋壞。余癸巳冬適行荒至，問之，已仆地，寺僧將曳入而斧爨之，余急令扶植原所，纍大石爲壇，上爲一亭覆之，名棲桐榭，以存禹跡。稍遲時刻則煅矣！固知神物成毁，良不偶然。

東平安山左右乃盜賊淵藪，客舟屢遭劫掠。武德亦多盜之地，以北直、河南三界往來，易於竄匿。然其來也，必有富家窩引之。如近日路絅之敗，千里聞名，有司皆折節下之，亦古者大俠郭解之流。

青州人易習亂，禦倭長鎗手皆出其地。蓋是太公尊賢尚功，桓公、管仲首霸之地也，其走狗鬬雞、蹹蹴六博之俗，猶有存者。

登州三面負海，止西南接萊陽。出海西北五六十里，爲沙門島，與鼉機、牽牛、大竹、小竹五島相爲聯。其上生奇草美石，遥望紫翠出没波濤中，足稱方丈蓬壺。春夏間蛟蜃吐氣，幻爲海市，常在五島之上。現則皆樓臺城郭，亦有人馬往來。近看則無，止是霞光；遠看乃有，真成市肆。此宇宙最幻境界，秋霜冬雪肅殺時不現，而蘇子瞻乃禱於海神，歲晚見之。余以十月大雪，見峨嵋佛光，與蘇遇同奇。海舟度遼者，必泊諸島避風，然泊者不知，而登、遼兩岸乃儼然覯形影，真不可以常理斷。

長山、沙門諸島在登、萊外，大者延袤十餘里，小者二三里，皆有饒沃田以千萬計，猶閩、浙之金堂諸山也。往者皆有禁，後鄭中丞因新兵乏餉，疏墾以助之，亦山左一益。此田皆當於農時搭廠以居，隙則毀之而歸。若架屋常住，恐竄引海寇，爲患浙、閩間矣。而浙拘攣甚，則當事者之見殊也。

海運。洪武十三年，糧七十萬石給遼東。永樂五年，因都北平，部議糧運事宜未決。九年，以濟寧州別駕潘叔正言，命宋司空禮發山東丁夫十六萬，浚元會通河濟寧至臨清三百八十里以漕，然猶海陸兼運。十二年，議於淮、徐、德、通搬遞爲支運，繼乃爲兑運，又爲改兑。其後河塞決不常，先司寇督漕，疏請試海運。其試海運者，非遂以海代漕，云必無漂流也。二三丈之河，風水不無損失，況大海乎？不過欲爲國家另尋一路，以爲漕河之副，如丘文莊所云者。行之二年，竟格於文網而止。祇今朝鮮多事，恐此海道他日爲倭夷占用，而中國不敢行。今自登州東南大洋至直沽，詳其路道，以備摭採。自元真島始[一五]。元真島者，大嵩、静海二衛之東南洋也，海船至此，轉杵島嘴、如收洋入套。一程北過成山頭，西北望威海山，前投劉公島二百餘里，用南風爲順風，一日而到，内可小灣泊十處，當迴避十處，二程自劉公島西行，遠望之罘島約二百里，用東風、東北風，半日而到，内可小灣泊四處，迴避四處。三程自之罘島開船，西六十里過龍洞直西，此備倭府外洋也，遠望長山島，西投沙門島，約一百八十里，用東南風一日而到，内有小灣泊三處，迴避六處。四程自沙門島開船，西南遠望三山島，約二百餘里，用東風半日而到，内可小灣泊二處，迴避四處。五程自三山島開船，過芙蓉島，直西投大西河口，約四百餘里，用東風與東北風，一日而到，内可小灣泊二處，迴避三處。六程自大西河開船投大溝河，約一百六十里，用西南風一日而到，内可灣泊三處，迴避一處。七程自大溝河開船，投大沽河，約二百餘里，望見直沽，俱無迴避。此運船與倭船所同，謂大船灣泊避風也。若倭得志朝鮮，用小漁船、唬船偷風破浪而來，則旅順口一朝夕絶流抵登，溯游三夕而抵天津矣。燃眉之急，又可忽乎？

膠萊河與海運相表裏，若從淮口起運，至麻灣而逕度海倉口，則免開洋轉登、萊一千五六百里。其間田横島、青島、黄島、元真島、竹島、宮家島、青雞島、劉公島、之罘島、八角島、長山島、沙門島、三山島，此皆礁石如戟，白浪滔天。其餘小島，尚不可數計，於此得避，豈不爲佳？奈膠萊淺澀，開鑿之難，蓋自元至元阿合馬集議以來，傭費不貲，十載而罷。及今徐司空栻、胡給事檟屢舉屢廢，或謂下有礓砂數十里，斧鑿不入；或謂鑿時可入，鑿後全漲[一六]；或又謂開鑿原不難，第當事者築舍道傍。余觀唐、宋漕政，皆代經六七更，水陸不常，舟車相禪，若可以此例舉，則南北用舟，於中以車輛接之，亦可存其説，以備臨渴之一策也。余觀黑龍江岩石廉利，陟峻尋丈，漢張湯尚欲於此通漕於渭，其與膠萊又奚啻十倍［一七］。

山東備倭府立於登州，癸巳、甲午間，倭方得志朝鮮，東人設備往往於是。余謂客曰：「此非山東之所謂備倭也。」曰：「祖宗不建府於登乎？」曰：「登州備倭之設，祖宗蓋爲京師，非爲山東也。海上艨艟大艦乘風而來，僅可抵登郡東面而止，過此而入則海套之玄，大艦無順風直達。欲泊而待風，則岸淺多礁石，難繫纜。故論京師，則登州乃大門，而天津二門也，安得不於登備之。」曰：「然則山東備何地乎？」曰：「以山東籌之，則登乃山東東北一隅，猶人家以有後水門也，尚有前堂在。倭從釜山對馬島乘東風而來，正對淮口，然淮有督儲部府，尚宿重兵，在倭不遽登岸也，其登必從安東、日照，此數百里無兵。然中國之殷瘠夷險，倭必有嚮導預知之，而泰山香稅，外國所豔聞也，則必馳泰安州。既則濟寧商店咸在城外，倭必覬之而走濟寧。又進則臨清大賈所必覬也，而馳臨清。掠劫既飽，然後入省城，此山東大廳堂，而倭所必由之道也。不備前門，而備後門乎？」曰：「然則當何備之？」曰：「總府立登州，既祖法不可改，當從倭汛議，以關中防秋例處之。登州至安東，惟膠州爲中，南北救援，咸相去五六百里。今遇汛時，當調登州總戎駐膠州，以南援安東、日照、安丘、諸城一帶，而北仍不失救援，隨遉隨發。而調臨清參戎於登州坐鎮之，如總督出花馬池，巡撫出固原例。汛畢，仍歸本鎮，是於備京師、山東經權兩不失也。」曰：「臨清不有糧艘巨萬當護乎？」曰：「此非倭所欲也。據臨清以絕糧道，丘文莊爲中原不逞者言。倭隔海，止利在掠金耳。」曰：「何以知倭不入登、萊也？」曰：「登海淺，水行二十里皆淖途，前所云多礁，船不得泊，即起岸。而登州地曠人稀，鮮富室，若清野待之，一望蕭索，四五日必回舟。而大舟必漂去，又無漁船、客船可拏用之，故倭不走登州也。」曰：「登遂可無備乎？」曰：「不在今日也。倘倭得朝鮮，則登與旅順口相對一岸，不用乘風，不須巨艦，衹艕艉舴艋，一夜而渡抵岸。方知此時難防又特甚焉，則非今日之比。故備寇者須知我險，須知彼情，難刻舟以求劍也。」後入與鄭中丞言之，設安東備倭。以上山東。

晉中俗儉樸[一八]，古稱有唐、虞、夏之風。百金之家，夏無布帽；千金之家，冬無長衣；萬金之家，食無兼味。飯以棗，故其齒多黄；食用羊，故其體多肉。其朔風高厲，故其色多黯黑而少紅顏白皙之徒；其水泉深厚，故其力多堅勁而少濕鬱微腫之疾。地有洞，故其虜至可避；商有伴，故其居積能饒。惟五六月歊暑炎爍之時，日則捉扇而搖，夜乃燒炕而睡，此不可以理詰也[一九]。

山西地高燥，人家蓋藏多以土窖，穀粟入窖，經年如新，蓋土厚水深，不若江南過夕即浥爛。惟隔歲開窖，避其窖頭氣，一時刻卒然遇之，多殺人。其窖地非但藏粟，亦以避虜，虜人遇窖不敢入，惟積草熏之，然多其岐竇，即熏煙，有他竅出，不爲害。第家家穿地道，又穿之每每長里餘，嘗與他家穿處相遇。江南洞在地上，皆天生；塞北洞在地下，皆人造。

平陽、澤、潞豪商大賈甲天下，非數十萬不稱富。其居室之法善也，其人以行止相高。其合夥而商者，名曰夥計。一人出本，衆夥共而商之，雖不誓，而無私藏。祖父或以子母息匄貸於人而道亡，貸者棄捨之數十年矣，子孫生而有知，更焦勞强作以還其貸。則他大有居積者，爭欲得斯人以爲夥計，謂其不忘死肯背生也。則斯人輸小息於前而獲大利於後，故有本無本者咸得以爲生。且富者蓄藏不於家，而盡散之於夥計。估人産者，但數其大小夥計若干，則數十百萬産可屈指矣。蓋是富者不能遽貧，貧者可以立富，其居室善而行止勝也。

蒲、解皆平陽名郡，論州治則解不及蒲，論屬邑則蒲不及解。

地震時，蒲州左右郡邑，一時半夜有聲，室廬盡塌，壓死者半屬夢寐不知。恍似將天地掀翻一遍[二〇]，磚牆横斷，井水倒出地上，人死不可以數計。自後三朝兩旦，尋常搖動，居民至夜露宿於外，即有一二室廬未塌處，亦不敢入臥其下。人如坐舟船行波浪中，真大變也。比郡邑未震處，數年後大首瘟疫盛行，但不至喉不死；及喉，無一生者；纏染而死又何止數萬，此亦山右人民之一大劫也。

河曲之地，取義於黄河一曲也。宋時爲火山軍，以其地有火山。巖石隙縫處煙氣迸出，投之以竹皮木屑則焦，架之以鬲釜水米則熟。其下似一團純火，而山仍有草木，根株不灼。事理之甚奇者。

沁水，出沁州沁源綿山之東谷，經岳陽澤州，穿太行出覃懷入黄河。《狐首》諸經云，界水則止。太行綿亘龐厚，非一水所能界，故桑乾、滹沱、清、濁漳皆穿太行而東。當黄、淮泛濫時，當事者欲引沁水入衛，以分河勢。不知河入中國，受涇、渭、澠、洛、汴、泗諸水，非沁一水之能分其勢也。且沁出太行而南，皆山麓險阻，不能引而之衛，若沁可入衛，則河復禹故道，當不難矣。諸葛孔明曰：「識時務者在俊傑」〔一一〕。

大同右衛軍馬坤女，年十七，將適人，化爲男子，嘉靖戊申七月也。後隆慶間，有李良雨者，又化爲婦人，婦粧見客不羞。今萬曆間，又有儀賓生兒之異，比聞之，乃一神托胎於其腹中，臨産輒自言欲破脇出。其人懼，求從榖道。神嫌穢，不肯。再三求之，請以香水數斛澡之，乃從。澡畢，遂滅形不知去向〔一二〕。

成祖三犂虜庭，以三月出塞，四月至長清，南望北斗，名威虜鎮。五月至斡難河，元人起此，名殺胡鎮。已出萬里，皆直東勝、受降地，正在山西之外。其後失守，東勝縮地而南，亦自山西始，最後石州之破，虜反深入山西内地搶掠。旬日人馬困憊，行走不前，虜至，割氊裘下截，棄去。使平日有備，即不能阻其深入，能擊其惰歸，亦可以得大勝也。

三受降城，東城在廢東勝州北，今朔州西北四百里漢雲中郡；中城在今大同郡城西北五百里，東去東城三百里，漢九原縣；西城在古豐東北八十里。三城皆唐張仁愿所築，以受北虜之降人者也。西城開元圮於河，别置河東。寶曆初，又徙東城於綏遠峰南。中城遼、元置州縣。今三城皆不守，而丘富、趙全等乃道俺答爲板升，以受中國之降人據之板升，衆可十餘萬。中國百工技藝，無所不有。趙全已爲俺答造宫殿，乃入住之日，忽梁折，虜生疑，終身不敢入宫室，仍舊守水草住牧。全雖服上刑，他日邊塞之禍，終潰於此。蓋南有香山，北有板升，此虜寇之所必資也。

互市之舉，起於宣、大塞。蓋老酋不忍其孽孫之愛，乃以趙全輩易把漢那吉歸而成也。二十年來，亡論邊民省殺僇奔竄之禍，即中國夜不收命，每歲每塞所省若干人。然此事非王少保崇古在外擔之，新鄭相在内主之，中外安得享數十年太平？新鄭良險詐恣横，然贍略當爲蓋世才子，而互市一斷，實有功於國家。王少保後以躬揖之淺，臺省紛言逐之，然豈知其當時塞上舍家舍命擔當之事。蓋少保之爲馬市議，非泛泛憑臆比者，前有兩覆車在。當仇咸寧鸞之以馬市媚虜，而俺答屢犯宣、大，後□機泄[一三]，禍且及，密疏止之，乃罷市，逐史道。于壬子歲三月□，世宗命復言開馬市者論死，著之絜令。使少保言而内臺執此令，少保之肉有幾耶？又丁巳，虜有逃婦桃松債來歸，總督楊順納之，上其狀以爲功。後俺答索之急，順懼，上言虜情叵測，欲脇朝廷歸之。未及決，俺答子黄台吉詐言以我叛人丘富易桃松債，順信之，予以松債，而丘富竟不得。順懼，以五千金賂巡按路楷弗言。後吴給事發其事，逮繫削籍。把漢之事與松債何異？使當時把漢去而趙全不歸，少保又何以自解？犯此兩鑑而慨然不以身家爲念，真俠烈丈夫也。少保嘗自言「我視一家百口皆鬼，而以此頸自懸空中，方敢把擔上肩，今臺省少年譚何容易」。良然。

山西初守東勝，東勝失而後退守偏關，其後又退守寧武。不知三關者，偏、老爲邊，而寧爲腹也。大同居東北爲左臂，偏頭、老營居西北爲右臂，此山西之極邊也，外戶也。大同以內爲寧武、雁門二關並峙，而寧、雁以內爲省會，故寧、雁重門也。外戶以屯重兵，進與之戰；重門以嚴扼塞，退爲之守；是國初之畫也。今巡撫春居省會，秋出代州，以防雁門，則東路之防備矣。何獨於西路則大將舍偏關而守寧武，若是之疏乎？昔者石州之敗，虜欺偏、老無備，以斷其後耳。使當時駐以大將，虜安得深入重地？是當移寧武大將以駐偏關。余蓋於省垣條陳之，而時總戎畏遠出，設爲二關並峙、大將當居中調度之說以惑本兵，議遂寢。

互市始於宣、大，故王少保自議宣、大費最多，惟陝西年例不足用，宣、大既每年積羨多，難以花銷，則奏報爲省節，二三年即省十餘萬。邊烽不警，惟以節省爲功，督撫晉司馬，司道晉開府，皆此物也。不但兩鎮軍民，至今兩鎮官咸藉少保之餘惠。惟是承平既久，武備漸弛。往時偏、老内外極多勇烈士，彼椎埋屠狗之輩，囊無金錢，則相率而搗巢偷馬；得功徼賞，則叫呼飲博於妓館中。詰之則云：「吾朝酗酒而夕報警，置杯騎馬而出，知吾爲人歸爲鬼歸，不樂何以也？」彼亦素辦此志，如所謂不忘喪元者。互市而此輩無所用，老者死而壯者散爲商賈，蓋皆拘束於禮法尺寸之内，俗非不美，而邊徼緩急無所賴藉。衛尉材官，舍介胄釋弓矢，而學以咿唔相高，非其業也。即如夜不收輩，往者宿草地，結胡婦，負囊卧雪中，遇兵刃則死焉，故得虜情最真。今則遥望而道聽，漫答應一時則已，並其道路不識者有之矣。眼底虜幸亦無大志，設吉囊、俺答輩復生，何以待之？魏司馬學曾不深自思，惟遽大言，一旦絶虜市，是張空拳爲無米之炊也。舉朝皆眯目而是之，脱市絶而釁起，不知其袖手何以策應。余故不待逮繫，而必知其寧夏之無成也。

晉俗勤儉，善殖利於外，即牧畜亦藉之外省。余令朗時，見羊群過者，群動以千計，止二三人執箠隨之。或二三群一時相值，皆各認其群而不相亂，夜則以一木架令跳而數之。妓婦與肩酒殽者日隨行，翦毛以酬。問之，則皆山以西人。冬月草枯，則麾羊而南，隨地就牧，直至楚中洞庭諸湖左右澤藪度歲，春深而回。每百羊息羔若干，翦毛若干，餘則牧者自得之。以上山西。

山西互市。枝派缺。

【校勘記】

[一] 謂：楊刻本作「爲」。

[二] 按撫：楊刻本作「撫按」。

[三] 缺字當作「胡」，下句同。

[四] 五十步：《史記·秦始皇本紀》作「五百步」。

[五] 《學海類編·秦録》此段後有佚文：

余偕叔祥游雁塔，問曩時曲江，皆云相去僅一舍許，今遺跡第若溝渠，中又無水，荒煙野草，一望無際，所謂「江頭宮殿鎖千門」者，無復可求矣。訊之故老，亦不究所以。比閲《賈氏談録》，云：天祐初因大風雨，波濤震蕩，累日不止，一夕無故而水盡竭，自後宮闕成荆棘矣。今爲耕民蓄作陂塘，資灌溉之用。每至清明，都人士女猶有泛舟宴賞於其間者。觀此則桑田滄海當自不虛，若今日即泛舟之處亦爲子虛烏有，有誰能問「天寶全勝日」耶？

陝田土二十九萬二千九百二十三頃八十五畝零，夏秋二税共一百九十二萬九千五十七石，絲綿三百六斤，絹九千二百二十一匹，綿花絨一萬七千二百八斤，布一十二萬八千七百九十二匹。行太僕苑監所屬馬共五萬七千七百餘匹。洮州、河州、西寧三茶馬司課茶五萬一千三百八十四斤。漢中府屬及四川保寧府屬茶課易番馬四千八百餘匹。税課魚課鈔共一百七十四萬五千五百二十六貫九百七十文零，又小麥二千四百九十三石四斗。額繳工部四司銀一萬二千九百七十兩零。陝西鹽課司（領靈州一司，漳縣、西和二鹽井，計行鹽鞏昌、臨洮、延安、河州、靈州。）額辦鹽小引五萬九千三百三十七引，課三萬八百五十五兩，西、漳二井額鹽七十一萬二百六十八斤，該銀二千五十九兩，內徑解寧夏年例銀一萬三千二百四十二兩，延綏年例銀一萬三千七百十四兩零，本軍門犒賞銀七千一百二十兩，固原客兵銀二千五十九兩。

［六］《學海類編·秦録》此段後有佚文：

陝惟西安、鳳翔二府深藏三窟，自西北汧、隴一窟，沿邊城二窟外，各鎮三窟。三代前以王畿求中則居鳳翔，秦、漢後欲就四方，則居西安。自古入關有三道：一自河北入，爲正道，項羽、漢光武、安禄山；一自河南入爲間道，漢高祖、桓温、檀道濟、劉裕；一自蜀入爲險道，漢高祖、諸葛亮。關中雖號天險，豈可無入之道？第不比他戰場可長驅而進耳。

［七］《學海類編·秦録》此段後有佚文：

華山與長河會處在潼關，然河之南須得河南府新安，河之北須得山西平陽府。平陽南有東烏嶺，北有冷泉關。蓋河之南無新安，則由沙澗可渡河至蒲州；河之北無平陽，則由烏嶺、冷泉入平陽至蒲州、至龍門。兩岸平廣，可渡者百里。故在古人，秦有函關，陝西統平陽也。延慶、平凉民悍勇，若邊患，臨、鞏鄰接羌番，鳳、沔復多回種，幸羌人仰茶利，閉關絶市可制死命，然河套失守，莊浪棄地，三邊懸隔。南山東西通接商、洛、汝、鄧、漢、鳳、襄、沔，深谷密，綿亘數千里，内多巖洞，盜易潛匿，宜預搜索。靈、韋、寧夏之接蘭州，河、洮之接古浪，凉州之接上郡、北地、安定三郡，土廣人稀，饒穀多蓄。

［八］虜：底本作「鹵」，係清人避諱改，現改回，下同此不出校。

［九］謂：楊刻本作「稱」。

［一〇］柔遠：楊刻本作「桑遠」。

［一一］索綝索靖：楊刻本作「索靖素綝」。

［一二］《學海類編·秦録》此段後有佚文：

固原本稱腹裏，弘治中因火節入寇，適當其衝，始改縣爲州，即州治爲鎮城，以固、靖、蘭等衛隸之，與寧夏相唇齒，稱重鎮焉。鎮迢遞千餘里，地當四衝，賓兔諸酋及海濱生番諸部迭出剽侵，不能制禦。自臨洮設而西無海寇之虞，聲援易及。自松山復，西北無靖邊之警。城堡相聯，藩籬既固，堂奥漸安矣。東起盧溝，抵寧夏石空寺界，西至靖邊，抵臨洮、蘭州、會寧界，新疆東北大小蘆城塘，抵臨洮三眼井界。

臨洮衛舊屬固原鎮，箠長難及，萬曆二十三年始設專鎮，蘭、河、洮、岷、階、文、成隸之。又拓松山地三百餘里，屯戍相望，爲金城以南保障。東自會寧抵固原、靖邊界，而自宏化寺抵甘肅鎮莊浪界，迤北至松山永泰川邊牆，迤南由黑城子、洮、民二衛抵四川松、茂界。

延綏舊治綏德，撥千戶屯治榆林，附近諸衛所官軍輪班哨守。成化初設榆林衛，余都御史子濬復廣衛城，增東、西、中三路營堡，塹山堙谷，另爲邊，因移鎮爲東連牛心之堡，西截河套之衝，包收米脂、魚河一帶地三百里。柘王（拓土）既多，控扼亦要。鎮東由黄甫川至定邊營，接寧夏之花馬池，計一千二百里，花馬池北抵横城三百二十里。横城亦寧夏堡也，而達諸黄甫川，則本鎮邊境共長一千五百二十里，皆在黄河之内，邊牆外悉屬河套。

寧夏邊境東接延綏，西抵固原，計一千八百餘里。由横城堡渡河而西，是爲鎮城。由鎮城之鎮遠關二百四十里，中衛四百里，是在黄河之外。賀蘭紆迴繞之，山之後皆虜住牧。又由鎮城渡河而東，則入靈州，以至韋州三百四十里。韋州南接固原之預望城，又在黄河之內矣。黄河東自臨洮府蘭州，經中衛，南過峽口一百里，峽口距鎮城四十里，兩山相夾，河經其中，塞北一勝概也。河東修設始於巡撫徐廷璋，而楊一清、王瓊、唐龍增築花馬池一帶邊牆，鹽川東西三百餘里藉保障焉。

甘肅鎮所轄漢河西郡也。國初定河西，棄燉煌，畫嘉峪關爲界。自莊浪歧而南三百餘里，爲煌中地，置西寧衛；自凉州歧而北二百餘里，爲姑臧地，置鎮番衛。又設甘州等五衛於張掖，設肅州衛於酒泉，蘭州衛於金城，皆屯兵扼守。全鎮幾二千里，惟一綫通道，西控西域，南蔽羌戎，北捍胡虜，稱孤懸重鎮云。東自松疆阿霸嶺，抵臨洮雙墩子界，西至嘉峪關，邊長一千八百餘里。境外北有松□流□、瓦剌，南有火永海□、阿歹諸酋及諸番住牧。

松山東抵黄河，北抵賀蘭，西亘莊浪，南綴蘭、靖，延袤千里。國初置郡，隔絶胡虜，翼護羌夷，實斷匈奴右臂。自款市招引賓酋盤窟其中，棄我三層墩臺，就近築邊，莊浪僅成一綫。萬曆二十六年出兵恢復，割大小葫蘆塘等處屬固原，紅水河、三眼井等處屬洮、岷，阿霸嶺、大靖域、土門兒等處屬甘肅。自黄河索橋至土門長四百餘里，而蘭、靖、莊、凉俱稱內地云。

〔一三〕芰荷：楊刻本作「荷菱」。

〔一四〕長青：楊刻本作「長清」。齊東：楊刻本作「城東」。

〔一五〕元真島：《肇域志》作「玄真島」，底本避清聖祖玄燁諱改。一説原名「延真島」。下同。

〔一六〕全：楊刻本作「旋」。

［一七］奚：楊刻本作「何」。

［一八］《學海類編·晉録》在此句前有佚文，録以備考：

山西田土三十六萬八千三十九頃二十七畝零，夏秋二税二百七十二萬四千二十二石，絲五千斤，絹四千七百七十七匹，税課四十四萬七千六十四貫七百九十文，額解太倉銀六百七十七兩六錢，額徵工部四司銀一十萬九千九百五十二兩錢，綾絹一千匹。

河東鹽運司（額解池東場、西場、中場三分司，計行鹽西安、漢中、延安、鳳翔、歸德、懷慶、汝寧、南陽、汝州、平陽、潞安、澤、沁、遼）額辦小引鹽四十二萬引，餘銀解太倉一千四十七兩一錢。解宣、大、山西三鎮年例十二萬四千九百三十二兩。代府禄糧四萬三千一百十三兩零。本布政司抵補民糧七萬四千二百五十九兩。

山西號爲内地，自虜據東勝而寧、雁衢，據河套而偏、老震。寧、雁入則由代、岢而下，偏、老震則由保、河深入，於是三關之防重矣。偏頭關設在保德州迤北，西鄰延綏、河套，東連大同朔漠，北衝東勝一帶。寧武關設在朔州西南，其地名野猪溝，搭達木河等處俱在關西北，相去一百六十里，與偏頭關、老營堡地方聯絡，緊接暖會口要路。雁門關設於代州，西抵寧武、偏頭，東連紫荆、倒馬，逼近朔州、威遠地之要害。三關相爲甲乙，而寧武據雁、偏兩關之中，爲東西應援，外接八角堡，内維岢嵐，尤爲緊關，故總兵初治偏關，後移鎮於此，東起北樓口，抵大同井砰界，西至娘娘灘，過河抵延綏黄甫川界，長二百餘里。

［一九］《學海類編·晉録》此段與下段互倒，並在此段後有佚文：

國初設大同府分封代王，外分東、中、西三路，北設二邊，蓋虜南犯朔、應諸城要路也。東則天城、陽和，爲虜入順、聖諸處之衝。自北二邊壞，虜遂直抵鎮城，是以總制毛伯温設法修復五堡：曰宏賜、曰鎮川、曰鎮邊、曰鎮山、曰鎮河，其地皆在舊二邊之内，去鎮城十里，各添設守備，而宏賜堡居中，復添設參將屯兵戍守，虜始不敢輕犯。其境東連諸胡，西接套虜，東起天城，抵宣府鎮西陽和界，西至井砰，抵山西北樓口，邊長六百四十餘里。

魏王盛兵蒲坂（平陽府萍縣），以塞臨晉（皆屬蒲州）。韓信爲疑兵，陳船欲渡臨晉，而伏兵從夏陽（西安府韓城縣）以木罌渡軍襲之。

黄河自西（延）安府入本省界，經大同府境入太原之保德、岢嵐州興縣，又經永寧州寧鄉縣，至平陽府永和、太寧、吉州、河津、滎河，達蒲州。蒲在河之東，從此歷芮城、平陸、垣曲，經陝之潼關，始入河南界。

［二〇］天地：楊刻本作「大地」。

［二一］《學海類編·晉録》此段後有佚文：

太原縣十里晉祠，蓋以祀唐叔。而中有元君廟，泉出其下，匯而爲池。又前行數十步，流漸盛，東西分注，太原、清源二邑實賴之。水淵泓澄徹，爲晉中勝景。其西爲奉聖寺，初不詳所始，後得王明甫方伯碑文讀之，乃知爲唐鄂公尉遲敬德所建。鄂公英姿颯爽、驍勇絕倫，文皇創造，戰功當爲第一，晚乃悔悟前非，棲心三寶，遂建刹并州之南，疏請臨軒，敕名「奉聖」。銷鷙氣以慈航，斂雄風於寂境，蓋異人天資朗徹，故能超出塵綱，完保榮名，視信、越諸人，霄壤懸絕，雖曰主德克終，抑亦自全有道矣。韓蘄王初不知書，晚解兵柄，策蹇驢西湖山水間，時作小詞，點契禪理，與此頗相類，豈俗所云：大富貴者多自修行中來耶？

[一三]《學海類編・晉録》於此段後有佚文：路安府長子縣城，堯長子丹朱築也，故以名縣。縣去府治僅三十里，又當孔道，車馬往來絡繹。縣衙素有怪，每中夜若衣冠出游者，或時至公堂，胥吏輩群然走避之以爲常，近已絕矣。

《筆域志》在此段之後有如下文字：

山西互市時，查核近日北虜支派：俺答四子（一黄台吉、一野兒鄧台吉、一賓禿台吉、一不他失里），四孫，皆黄台吉子（一撦力指、一那木兔、一跛兒啞都、一小把都兒）。四姪，俱兀兒慎子（一著里兔台吉、一滿堯賽台吉、一旭胡弄台吉、一褚叱把都台吉）。吉囊四子（一吉能台吉、一銀定把都兒台吉、一打兒漢台吉、一筆寫契黄台吉），九孫，内吉能子二人（一長把都黄台吉、一綽庫兒台吉），吉能姪七人（一賓鬼台吉、一撦力兔台吉、一大家阿不害、一拿計黄台吉、一切盡黄台吉、一禿退阿不害、一朵兒見台吉）。以上吉囊部，俱西牧。老把都五子（一把都黄台吉、一肯把都台吉、一來三兀兒台吉、一滿兀四台吉、一滿兀帶台吉），以上老把都部，俱東牧。又哆囉土蠻四枝（一哆囉土蠻把都黄台吉、一麥力銀台吉、一著刀兔台吉、一无鄧台吉），永邵卜三枝（一歹成那吉、一把都兒谷阿不害、一阿落氣把都台吉），哈喇慎二枝（一打喇名啞台吉、一把都兒台吉），以上俱老把都姪。又歹成那言二子（一長子阿不害、二次子挨四不害），又兀慎打兒漢台吉，又擺腰小把都兒台吉，共四十六枝。大者衆萬人，次者數千，小者或千人、數百人，俱俺答親枝。其俺答帳下恰台吉、打兒漢諸女壻、他不浪十餘枝，大都北虜各部落。惟土蠻爲小王子之裔，駐遼、薊東北，衆十餘萬，其控弦帶甲者，不滿數萬耳。虜種雖衆，兵未精强，故難獨逞。俺答、故兄吉囊並其弟把都三人，原係土蠻臣屬，分駐宣、大迤北雲州、青山、河套内外，河西大、小松山，連年搶掠番漢，器械既多，益以板升奸逆，教虜爲兵，終成後患也。此見隆慶五年王崇古題稿中。近題又有丙兔，有卜失兔，有阿不害，有大成台吉諸名目。切盡黄台吉在寧鎮，卜失兔、阿不害在延鎮。大約萬曆間，虜王、虜官計有八道：順義王乞慶哈一枝，龍虎將軍扯力掯台吉一枝，今襲王，青把都台吉、自洪大等一枝，永邵、大成台吉並合羅氣把都台吉等一枝，兀慎台吉等一枝，擺腰台吉等一枝、河西套虜卜失兔、阿不害等一枝，切盡黄台吉等一枝。

［二三］缺字或爲「虜」。

廣志繹卷之四

江南諸省

江南地拓自漢武帝，其初皆楚羈縻也，故楚在春秋、戰國間，其强甲於海内。余嘗至廣右而歎秦皇、漢武之功也。語具《廣游志》中。故以次於江北。

兩浙東西以江爲界而風俗因之。浙西俗繁華，人性纖巧，雅文物，喜飾鞶帨，多巨室大豪。若家僮千百者，鮮衣怒馬，非市井小民之利。浙東俗敦樸，人性儉嗇椎魯，尚古淳風，重節概，鮮富商大賈。而其俗又自分爲三：寧、紹盛科名逢掖，其戚里善借爲外營，又傭書舞文，競賈販錐刀之利，人大半食於外；金、衢武健，負氣善訟，六郡材官所自出；台、温、處山海之民，獵山漁海，耕農自食，賈不出門，以視浙西迥乎上國矣。

杭州省會，百貨所聚。其餘各郡邑所出，則湖之絲，嘉之絹，紹之茶之酒，寧之海錯，處之甆，嚴之漆，衢之橘，温之漆器，金之酒，皆以地得名。惟吾台少所出，然近海，海物尚多錯聚，乃不能以一最佳者擅名。

杭、嘉、湖，平原水鄉，是爲澤國之民；金、衢、嚴、處，丘陵險阻，是爲山谷之民；寧、紹、台、温，連山大海，是爲海濱之民。三民各自爲俗。澤國之民，舟楫爲居，百貨所聚，閭閻易於富貴，俗尚奢侈，縉紳氣勢大而衆庶小；山谷之民，石氣所鍾，猛烈鷙愎，輕犯刑法，喜習儉素，然豪民頗負氣，聚黨與而傲縉紳；海濱之民，餐風宿水，百死一生，以有海利爲生不甚窮，以不通商販不甚富，閭閻與縉紳相安，官民得貴賤之中，俗尚居奢儉之半。

十一郡城池惟吾台最據險。西、南二面臨大江，西北巉巖簝箾插天，雖鳥道亦無。止東南面平夷，又有大湖深濠，故不易攻。倭雖數至城下，無能爲也。此唐武德間刺史杜伏威所遷，李淳風所擇。杭城誠美觀，第嚴之薪，湖之米聚諸城外，居人無隔宿之儲，故不易守。陳同父乃謂決西湖之水，可以灌杭州，語洩，竊辛帥馬而逃。西湖雖有牐堰，第灌城之水須江河之流方可，湖水無深源洪波，灌從何施？同父豪傑，議論乃爾爾。若六月、七月之間[一]，塞鏡山之口，亦吾台可憂事。處州之城，登南明山則一目瞭盡之，其地且多礦徒，非計也。丁丑年，長星之變，昏則舒芒數丈，拍拍有聲，經月不止。說者謂是拖練，尾指東南，當有兵。然此後十餘年，浙中良多故。辛、壬間，羅木營兵變，起於月糧留難，闖入督府，拉吳中丞出而窘辱之。遣張司馬往，未至，而又有民變起於編派，火夫姦民聚而劫奪城中，燒燬陳都諫等家，當事者稍以便宜定之。其後，青衿士又屢屢不遑，如嘉如湖圍挫有司，學使者不能制。南人向柔脆，不能爲此亂萌也。雖旋起旋定，然亦多故矣。說者又謂當有大兵方應，然今已二十年，即有眚災，當遠矣。

浙有三石梁，南明山石梁蜿蜒卧地，雁蕩石梁斜飛倚天，天台石梁則鼉脊横空，深壑無底，奔雷飛瀑，驚目駭魂，非修觀遺生者莫能度。

杭俗儇巧繁華，惡拘檢而樂游曠，大都漸染南渡盤游餘習，而山川又足以鼓舞之，然皆勤劬自食，出其餘以樂殘日。男女自五歲以上，無無活計者，即縉紳家亦然。城中米珠取於湖，薪桂取於嚴，本地止以商賈爲業，人無擔石之儲，然亦不以儲蓄爲意。即輿夫僕隸，奔勞終日，夜則歸市殽酒，夫婦團醉而後已，明日又别爲計[二]。故一日不可有病，不可有饑，不可有兵，有則無自存之策。

古者婦人用安車，其後以輿轎代之，男子雖將相，不過乘車騎馬而已，無轎制也。陶淵明病足，乃以意用籃輿，命門生子弟舁之。王荆公告老金陵，子姪勸用肩輿，荆公謂自古王公貴人無道者多矣，未有以人代畜者。人轎自宋南渡始，故今俗惟杭最多最善，豈其遺耶？游觀雖非樸俗，然西湖業已爲游地，則細民所藉爲利，日不止千金。有司時禁之，固以易俗，但漁者、舟者、戲者、市者、酤者咸失其本業，反不便於此輩也。

杭城北湖州市，南浙江驛，咸延袤十里，井屋鱗次，煙火數十萬家，非獨城中居民也。又如寧、紹人什七在外，不知何以生齒繁多如此。而河北郡邑乃有數十里無聚落，即一邑之衆，尚不及杭城南北市驛之半者，豈天運地脈旋轉有時，盛衰不能相一耶？

官、哥二窑，宋時燒之鳳凰山下，紫口鐵腳。今其泥盡，故此物不再得。間有能補舊窑者，如一鑪耳碎，覓他已毀官窑之器，搗篩成粉，埭而附之[三]，以爛泥别塗鑪身，止留此耳入火，遂相傅合，亦巧手也。近惟處之龍泉盛行，然亦惟舊者質光潤而色葱翠，非獨摩弄之久，亦其製造之工也。新者色黯質鷄，火氣外凝，殊遠清賞。

嘉興濱海地窪，海潮入則没之，故平湖、海鹽諸處，舊有捍海塘之築，此非獨室廬畎畝，民命所繫，即其約束諸水出於黄浦，則嘉禾全郡一滴不洩，宜其聲名文物甲於東南。

浙十一郡惟湖最富，蓋嘉、湖澤國，商賈舟航易通各省，而湖多一蠶，是每年兩有秋也。閭閻既得過，則武斷奇贏、收子母息者益易爲力，故勢家大者産百萬，次者半之，亦埒封君。其俗皆鄉居，大抵嘉禾俗近姑蘇，湖俗近松江，縉紳家非奕葉科第，富貴難於長守，其俗蓋難言之。

農爲歲計，天下所共也，惟湖以蠶。蠶月，夫婦不共榻，貧富徹夜搬箔攤桑。江南用舟船，無馬，偶有馬者，寄鄰郡親識。古人謂「原蠶，馬之精也」，彼盛則此衰。官府爲停徵罷訟，竣事則官賦私負咸取足焉。是年蠶事耗，即有秋亦告匱，故絲綿之多之精甲天下。

寧、紹之間，地高下偏頗，水陸不成河。昔人築三數壩蓄之，每壩高五六尺，舟過者俱繫絙於尾，榜人以機輪曳而上下之，過乾石以度，亦他處所無也。度剡川而西北，則河水平流，兩岸樹木交蔭，蓮荇菱芡浮水面不絕，魚梁罾笱，家家門前懸掛之，舟行以夜，不避雨雪，月明如罨畫。昔人謂「行山陰道上，如在鏡中」，良然。又云「秋冬之際，殆難爲懷」。

紹興、金華二郡，人多壯游在外，如山陰、會稽、餘姚生齒繁多，本處室廬田土，半不足供，其儇巧敏捷者入都爲胥辦，自九卿至閑曹細局，無非越人。次者興販爲商賈，故都門西南一隅，三邑人蓋櫛而比矣。東陽、義烏、永康、武義萬山之中，其人鷙悍飛揚，不樂畎畝。島夷亂後，此數邑人多以白衣而至横玉掛印，次亦立致千金。故九塞、五嶺，滿地浙兵，島寇亦輒畏之得南人之用。其後遂驕恣黠猾，越檢制人，召之難服，散之難銷，往往得失相半。

紹興城市，一街則有一河，鄉村半里一里亦然，水道如棋局布列，此非天造地設也？或云，漕渠增一支河、月河，動費官帑數十萬，而當時疏鑿之時，何以用得如許民力不竭？余曰：不然。此本澤國，其初祇漫水，稍有漲成沙洲處，則聚居之，故曰菰蘆中人。久之，居者或運泥土平基，或作圩岸溝瀆種藝，或浚浦港行舟往來，日久非一時，人衆非一力，故河道漸成，甃砌漸起，橋樑街市漸飾。即嘉、湖諸處，意必皆然。今淮陽青草、郡伯諸湖，安知異世不如是？又安知越中異日不再爲谷？昔□□□太湖乾，中露出石街屋址，可類推矣。

會稽禹穴窆石，陷入石中，上鋭下豐，可動而不可起，真神異也。或者禹葬衣冠之所，又謂生而藏秘圖者。太史公云「上會稽，探禹穴」，明謂此無疑。楊用修强以石紐村當之，石紐乃大禹所生，會稽則其所葬。彼「禹穴」二字，還後人所作也。

王右軍捨宅爲戒珠寺，賀季真捨宅爲千秋觀，皆在會稽，古人多有然者，王摩詰亦捨輞川爲寺。

三江口乃紹興守湯紹恩所造，鎖一郡之水，外以阻海潮之入，内以洩諸水之出，旱則閉，潦則啓，則裨益於地方，兼亦堪輿所繫。

紹興惰民，謂是勝國勳戚，國初降下之，使不與齊民列。其人止爲樂工、爲輿夫，給事民間婚喪。婦女賣私窠，侍席行酒與官妓等。其旁業止捕鱔、釣水雞，不敢干他商販。其人非不有身手長大、眉目姣好與產業殷富者，然家雖千金，閭里亦不與之締婚。此種自相爲嫁娶，將及萬人。即乞人亦凌虐之，謂我貧民非似爾惰民也。余天台官堂亦有此種，四民諸生皆得役而詈之撻之，不敢較，較則爲良賤相毆。愚嘗爲歎息之，謂人生不幸爲惰民子孫，真使英雄無用武之地。

補陀大士道場，亦防汛之地。在海岸孤絕，與候濤山隔，旦晚兩潮。近日香火頓興，飛樓傑閣，巋然勝地。春時進香人以巨萬計，舍貲如山，一步一拜，即婦女，亦多渡海而往者。俗傳洋裏蓮花、洞中燈火，與魚籃鸚鳥倏忽雲端，雖不可盡信，然就近日龍二守之囈語，要不可謂無鬼物其間，是亦神道顯化，難以常理測。

寧、台、温濱海皆有大島，其中都鄙或與城市半，或十之三，咸大姓聚居。國初湯信國奉敕行海，懼引倭，徙其民市居之，約午前遷者爲民，午後遷者爲軍，至今石欄礎、碓、磨猶存，野雞、野犬自飛走者，咸當時家畜所遺種也，是謂禁田。如寧之金堂、大榭，温、台之玉環，大者千頃，少者亦五六百，南田、蛟嶴諸島則又次之。近縉紳家私告懇於有司，李直指天麟疏請公佃充餉，蕭中丞恐停倭，仍議寢之。然觀諸家墾種，皆在倭警之後，況種者農時篷廠，不敢列屋而居，倭之停否亦不繫此。邇許中丞撫閩，鄭中丞撫山東，又有疏開之。

明、台濱海郡邑，乃大海汪洋無限，界中人各有張箔繫網之處，祇插一標，能自認之，丈尺不差。蓋魚蝦在水游走，各有路徑，闌截津要而捕捉之，亦有相去丈尺而饒瘠天淵者。東南境界，不獨人生齒繁多，即海水内魚蝦，桅柁終日何可以億兆計？若淮北、膠東、登、萊左右，便覺魚船有數。

浙中惟台一郡連山，圍在海外，另一乾坤。其地東負海，西括蒼山高三十里，漸北則爲天姥、天台諸山，去四明入海，南則爲永嘉諸山，去雁蕩入海。舟楫不通，商賈不行，其地止農與漁，眼不習上國之奢華，故其俗猶樸茂近古。其最美者有二：余生五十年，鄉村向未聞一强盗，穿窬則間有之；城市從未見一婦人，即奴隸之婦他往，亦必雇募肩輿自蔽耳。

道書稱洞天三十六，福地七十二，惟台得之多。臨海南三十里，第十九蓋竹洞爲長耀寶光之天；天台西五里，第六玉京洞爲太上玉清之天；黄岩南十里，第二委羽洞爲大有空明之天；仙居東南三十里，第十括蒼洞爲成德隱玄之天。福地，黄巖有東仙源、西仙源，天台有靈墟、桐柏。其他非道書所載者，劉、阮桃源，寒山、拾得竃石，皇華丹井，張紫陽神化處，司馬悔橋，蔡經宅，葛仙翁丹丘，智者塔，定光石，懷榮、懷玉肉身。自古爲仙佛之林。

方正學先生生台之寧海，故靖難之際，吾台正學先生姨與其夫人皆死節，而先生門人則盧公元質、林公嘉猷、鄭公智，又黄巖王公叔英與其夫人、仙居盧公迥、鄭公子恕並其二女，臨海鄭公華。今之八忠則祠，五烈未祠。又有東湖樵夫。自古節義之盛，無過此一時者。

温州城中九山分列，其一居中，謂之九斗城，葱蒨可愛。其張文忠公宅乃肅皇所賜第，敕將作大匠治之，門屏河橋，俱擬宫府，前代所未有也。

雁蕩一山，説者謂宋時海濤衝激，泥去石露，古無此山也。審是，則必窪陷地下然後可爾，今此山原在地上。或者又謂，乾道中伐木者始入見之。今左自謝公嶺，右自斤竹澗以望，奇峰峭壁，萬仞參天，横海帆檣，百里在目，何俟伐木入者始見耶？若海濤衝激至雁蕩之巔，温、台、寧復今日有人？第謝康樂守永嘉，伐木通道，登臨海嶠，業已至斤竹澗，有詩，而亦未入此，見與不見，又所未曉。

台、温二郡，以所生之人食所産之地，稻麥菽粟尚有餘饒。寧波齒繁，常取足於台，閩福齒繁，常取給於温。皆以風颿過海，故台、温閉糴，則寧、福二地遂告急矣。

田土惟蘭谿最踊貴。上田七八十金一畝者，次亦三四十，劣者亦十金。然所賦租，饒瘠頗不相遠。龍游俗亦如之。龍游善賈，其所賈多明珠、翠羽、寶石、猫睛類輕軟物，千金之貨，衹一人自齎京師，敗絮僧鞋，蒙茸繿縷，假癰、巨疽、膏藥，皆寶珠所藏，人無知者。異哉賈也。

衢州，橘林傍河，十數里不絕。樹下芰薙如抹，花香橘黃，每歲兩度堪賞。舟楫過者樂之，如過丹陽櫻桃林。

淳安小邑，其扁於學宮對云：「三元及第，九世同居。」即繁劇佳麗之邑，無能勝之者。

浙漁俗，傍海網罟，隨時弗論。每歲一大魚汛，在五月石首發時，即今之所稱鯗者，寧、台、温人相率以巨艦捕之。其魚發於蘇州之洋山，以下子故浮水面，每歲三水，每水有期，每期魚如山排列而至，皆有聲。漁師則以篙筒下水聽之，魚聲向上則下網，下則不，是魚命司之也。柁師則夜看星斗，日直盤針，平視風濤，俯察礁島，以避衝就泊。是漁師司魚命，柁師司人命，長年則爲舟主造舟。募工每舟二十餘人，惟漁師、柁師與長年同坐食，餘則頤使之，犯則箠之，至死不以煩有司，謂之「五十日草頭天子」也。舟中牀榻皆繩懸，海水鹹，計日困水以食，窖鹽以待。魚至其地，雖聯舟下網，有得魚多反懼没溺，而割網以出之者，有空網不得隻鱗者。每期下三日網，有無皆回，舟回則抵明之小浙港以賣。港舟舳艫相接，其上蓋平馳可十里也。舟每利者[四]，一水可得二三百金，否則貸子母息以歸[五]。賣畢，仍去下二水網，三水亦然。獲利者，鏦金伐鼓，入關爲樂。不獲者，掩面夜歸。然十年不獲，間一年獲，或償十年之費。亦有數十年而不得一償者。故海上人以此致富，亦以此破家。此魚俗稱鯗，乃吳王所制字，食而思其美，故用「美」頭也。

浙鹽取暑天海塗曬裂鹹土而掃歸之，用海水漉汁煎成。行鹽有定界，私鹹有令甲，然衹繩其小者。捕兵無私鹽當罰，則偷覷小民之肩挑背負者，執而上首功。若鄉村巨姓，合百餘人，執鐵擔爲兵，買百餘挑，白日魚貫而荷歸之，捕兵不惟袖手不敢問，且遠避匿。蓋此輩祟覓捕兵箠之，以洩平日之忿，箠死則棄之，官府且不敢發也。

倭以丁未寇浙，始以朱公紈巡撫。朱至，嚴禁巨家大俠汎海通番者，又立鉤連主藏之法。以雙檣大艦走倭島互市，嚮導者長嶼人林恭等若干人正典刑，於是海上諸大族咸怨，少司馬詹榮希分宜指，覆猶豫，御史周亮遂劾紈擅殺乖方，遣給事杜汝禎就訊之，擬閩海道柯喬、都司盧鏜死。朱懼逮，仰藥。此浙立巡撫、殺巡撫之始也。代朱者止王公忬得善改，亦以他事死。其後張公經論死，李公天寵論死，胡公宗憲逮繫死，十五年間，無巡撫得全者。至趙公孔昭，島寇不來，始身名兩全耳。

市舶司國初置於太倉，以近京，後移福、浙。雖絕日本而市舶不廢，海上利之。後夏公言當國，因宋素卿、宗設仇殺，遂罷市舶。自後番貨爲奸商所籠，負至數十萬，番乃主貴官以讐商，而貴官取負更甚，番人失利，乃爲寇。貴官則讓有司不禦寇，及出師，又設計以恫喝番人，於是番怒，日焚掠。一二不逞生儒導翼之，而王五峰、毛海峰等遂以華人居近島[六]，襲王者衣冠，假爲番寇，海上無寧歲矣。朱公紈嚴禁之，驟不得法，爲貴官所反陷。御史董威乃復請寬海禁。是浙倭之亂，咸浙人自致之。

倭寇浙始丁未，止辛酉。破黄巖、仙居、慈谿、昌國、臨山、霩衢、石浦、青村、柞林、吳淞諸衛、縣，圍餘姚、海寧、上海、平湖、海鹽、台州諸郡縣。十五年間，督撫踵死。蓋前此皆倉卒無備，至壬子王公忬始練兵選將，得俞大猷、湯克寬、盧鏜等，焚之於補陀，擊之於太倉，殺蕭顯，敗尹鳳，浙人始知兵。甲寅忬去，而代者非人，又復蹂躪，僅得王江涇之捷。丙辰，胡公宗憲雄行闊略，始敗之於皂林，擊之於梁莊，殺徐海，擒麻葉，降王直、毛海峰。而譚公綸與戚繼光、劉顯相繼至，又有白水洋之捷，崇明沙之捷，浙人始力能勝倭，志在殺倭，至今稱南兵，皆其遺也。故論浙中倭功，當首祠胡公、譚公以及俞、湯、盧、劉、戚等。而戚功在閩，其方略又出諸將之上。似此名將，又何可得而抑厄之使憤懣死，安得不解壯士之體！爲此厲階者誰耶？

張公經之逮，逮未至，而王江涇捷，斬獲且數千，竟不贖，與魏司馬寧夏事同。魏猶半出上怒，張則全自趙文華陷之也。世廟時，張半洲、楊魏村、曾石塘之死，讀其事，淚數行下。張猶自處稍乖，楊、曾全無罪[七]。以上浙江。

江右，江以章、貢爲大，澤以彭蠡爲闊，十三郡水皆歸焉，總會於九江而出，大姑、小姑二山攔扼之，此山川之最勝，亦都會之天成也。大姑在府城東南湖中[八]，小姑在彭澤北百里[九]，皆謂其四面洪濤，屹然獨聳。而俗乃以「孤」爲「姑」，謂是二女之精，江側有彭郎磯，遂謂彭郎者小姑壻也。歐陽永叔云：「余過小孤山，廟像乃一婦人，而敕額爲聖母。」豈止俚俗之謬耶？

江右洞天福地，如廬山在南康西北二十里，古名南障，世傳周武王時，匡俗兄弟七人結廬隱於此。疊障九層，周五百餘里，山有五老峰、三石梁、竹林寺，道書第八洞天。虎溪在九江城南，晉惠遠在東林送客，過此，虎輒鳴號。一日送道士陸修靜，不覺過溪，相與大笑。道書以爲七十二福地之一。豫章西山乃省會最勝處，其勢與廬岳等，山在大江之外三十里，一名厭原山，道書第十二柱寶極真之天，古今仙蹤最多。初濟江十里有磐石，名石頭津，自石頭西行，有梅福學仙處，名梅嶺。嶺之南有葛仙翁煉丹處，名葛仙峰。峰之上有洪崖先生乘鸞憩處，名鸞岡。岡之西有王子控鶴處，名鶴嶺。嶺之畔有蕭史游處，名大蕭、小蕭峰，亦名蕭仙壇。又有水出山椒，名吳源，高下十堰，溉田萬餘頃。麻姑山在建昌城西南十里，山有五老、萬壽等峰，麓有桃花源，其前第二谷，水飛流而下，有瀑布二百餘尺，世傳麻姑得道。其壇有顏魯公書碣，道書丹霞小有洞天。閣皂山在臨江府六十里，山形如閣，色如皂，相傳漢張道陵、晉丁令威、葛孝先皆嘗修煉於此。山有淩雲峰、漱玉泉、磨劍池，道書第三十三福地。龍虎山在貴溪西南八十里，高峰插雲，兩崖對峙，若龍虎然。漢張良八世孫張道陵修煉之所，道書三十二福地也。道陵道成，去蜀之青城山殺鬼上升，今山中亦有飛升臺。其所遺經籙符章與劍印以授子孫，代號天師。閱世之後，多有靈驗。說者謂其印劍之神，非子孫道術也。縣南亦有鬼谷山、鬼谷洞，周圍四里，有蘇秦臺、張儀井，亦道書第十五洞天。

江右講學之盛，始於朱、陸二先生，鵝湖、白鹿，興起斯文。本朝則康齋吳先生與弼、敬齋胡先生居仁、東白張先生元禎、一峰羅先生倫，各立門牆，龍翔鳳起。最後陽明先生發良知之説，左朱右陸，而先生勳名盛在江右，古今儒者有體有用無能過之。故江右又翕然一以良知爲宗，弁髦諸前輩講解，其在於今，可謂家孔、孟而人陽明矣。第魚目鼠璞，何地無之？後之爲陽明之學者，江右以吉水、安福、盱江爲盛，盱江獨以廣大爲法門，人情厭拘檢而樂縱誕，則陽浮慕其名於此，而陰用學術於彼者，未有不藉口者也。德清許司馬孚遠嘗著論曰：「國家崇正學，國初迄弘、正之間，人才彬彬，當時學者稍滯舊聞，不達天德，拘固支離，容或所不免，故江門、姚江之學相繼而興。江門以靜養爲務，姚江以良知爲宗。其要使人反求而得諸本心，而後達於人倫事物之際，補偏救弊，其旨歸與宋儒未遠也。江門之派至增城而浸晦，姚江之派復分爲三：吉州僅守其傳，淮南亢而高之，山陰圓而通之。而亢與圓者，又各有其流弊。顏、梁之徒，本於亢而流於肆；盱江之學，出於亢而入於圓。其後姚安者出，合圓與肆而縱横其間，始於怪僻，卒於悖亂，蓋學之大變也。」德清曾守盱江，其言當不謬。

江、浙、閩三處，人稠地狹，總之不足以當中原之一省，故身不有技則口不餬，足不出外則技不售，惟江右尤甚。而其士商工賈，譚天懸河，又人人辯足以濟之[一〇]。又其出也，能不事子母本，徒張空拳以籠百務，虛往實歸。如堪輿、星相、醫卜、輪輿、梓匠之類，非有鹽商、木客、筐絲、聚寶之業也。故作客莫如江右，而江右又莫如撫州。余備兵瀾滄，視雲南全省撫人居什之五六，初猶以爲商販，止城市也。既而察之，土府、土州，凡僰、玀不能自致於有司者，鄉村間徵輸里役，無非撫人爲之矣。然猶以爲內地也，及遣人撫緬，取其途經酋長姓名回，自永昌以至緬莽，地經萬里，行閱兩月，雖異域怪族，但有一聚落，其酋長頭目無非撫人爲之矣。所不外游而安家食，俗淳樸而易治者，獨廣、信耳。

江右俗力本務嗇，其性習勤儉而安簡樸，蓋爲齒繁土瘠，其人皆有愁苦之思焉。又其俗善積蓄，技業人歸，計妻孥幾口之家，歲用穀粟幾多[一二]，解橐中裝糴入之，必取足費，家無囷廩，則牀頭瓶罌無非菽粟者，餘則以治縫浣，了徵輸，絕不作鮮衣怒馬、燕宴戲劇之用。即囊無資斧者，且暫逋親鄰，計足餬家人口，則十餘日而男子又告行矣。以故大荒無飢民，游子無內顧。蓋憂生務本，俗之至美，是猶有《蟋蟀》、《流火》之風焉。若中原人歲餘十斛粟，則買一舟乘之，不則釀飲而賭且淫焉，不盡不已也。

江右俗以門第爲重，其列版籍以國初黃册爲準，其坊廂鄉都里長，咸用古册內祖宗舊名，子孫頂其役不易其名也。家雖貧窮，積逋甚，然尚有丁在，則必百方勉力，衆擎之，不肯以里排長與他家，與則恐他人侮且笑之。其新發產殷富之家，縱貧者不敢遜讓。余台亦有此俗，然下鄉近海則然，上鄉山居者則否。

江右素稱治安之區。正德六年，諸郡縣盜賊蜂起，贛州南安有華林寨、碼磂寨賊，其後撫州有東鄉賊，饒州有桃源洞賊〔一二〕。其始行劫村落，官府捕之急，遂竄匿山谷，據險立寨。其渠魁姓名不甚著，公移止稱某地賊。官兵討之不定，撫之不從。贛賊執參政趙士賢，華林賊攻破瑞州，江右大震。事聞，命都御史陳金總戎務，檄憲副周憲討華林賊，兵敗死之，乃檄田州等府狼兵，協諸路官兵進剿。其土酋岑猛等，多驕橫無節制，金姑息之。又檄按察使王秩、知府李承勳同剿。勳招降賊黄奇置麾下，以計破華林賊，遂移兵擊碼磂，東鄉皆平之。惟桃源尚猖獗，然見諸寨平，又畏狼兵悍，遂乞降。後復叛，入徽、衢等處，金復督兵追襲，浙東兵夾擊之，乃平。大都江西之盜，始終以招撫爲害云。

乾一、坤二、離三、震四之類俗稱乳名，江右無一家一人而非是者，然用以記行第、聯族屬、次長幼之序最佳。至於書券治訟，自有正名，亦故不用而嵓用此，不知其解。故直指讞獄，惟江右爲難，爰書中皆此等姓名，其重辟大盜，連篇累牘者，視前則混後，據後則失前。且不獨一牘也，又有他人他事，亦與此同名類姓者，甚不便於簡閱，亡當也。

鐵柱宫乃旌陽許真君鎖蛟處也。旌陽棄官歸豫章，視其地爲浮洲，蛟螭所穴，乃以神術覓蛟精於太守宫中誅逐之，入此井中，鑄鐵爲柱，下施八索，鉤鎖地脈，以屏水妖。誓曰：「鐵柱繫紅舟〔一三〕，萬年永不休。後有興謀者，終身不到頭。」又曰：「天下大亂，此處無憂。天下大旱，此處薄收。」其井水黑色，深莫測，與江水相消長。余以四月過之，泥淖漲與地平。

真人又謂贛江百怪叢居，慮爲後害，復鑄鐵柱二十，在子城南，亦以鐵索縻之，永鎮蛟蜃。然江右所稱蛟蹟非一，如豐城城東西有二蛟穴，其中積水，四時不竭，舊傳蛟精常蟄於此，旌陽以符呪逐之。饒州城南江中有蛟穴，五日，鄉人於此競渡，俗稱「懷蛟水」。都昌縣有蛇骨洲，晉永嘉中，長蛇二十餘丈，斷道吸人，旌陽殺蛇聚骨成洲。縣北亦有旌陽磨劍池。奉新縣有鎮蛟石，在延真觀内，亦舊傳旌陽逐蛟入穴，以巨石書符壓之，今石碣尚存。其地亦有旌陽試劍石。寧州東隔水一里有磨劍池，亦旌陽逐蛟處。建昌縣有七靖井，其地黄龍山有蛟爲淵，輒作洪水，旌陽擒之，釘於石壁，法北斗穿七井鎮之，曰：「海昏之地，府屬當陽。南昌之州，龍安之埸。上繚艾縣，古城之岡。地連蛇穴，尋截川江。占其地土，防民之殃。於今立靖，萬古吉祥。」

龍沙在豫章城北，江水之濱，白沙涌起，堆阜高峻，其形如龍，俗爲重九登高處。舊有讖云：「龍沙高過城，江南出聖人。」今沙過城十餘年矣。昔許旌陽斬蛟，蛟子逸去，散游鄱湖，弟子請悉誅之，旌陽曰：「吾去後一千一百二十□年，歲在三丙，五陵之内，當有八百地仙出，自能誅之，毋勞今日盡也。」今正當三丙間，去其歲不及二十年，又有龍沙之應。《曇陽子記》亦云：「五陵爲教主，古月一孤峰。」意其所謂聖人者，神仙之流與！

滕王閣，府城西章江門城上，其故址也。西臨大江，唐高祖子元嬰都督洪州，閣成命至，封滕王，故以名。後閻伯嶼重修，因九日宴賓客，欲誇其壻吴子章之文，令夙搆之。時王勃省父至馬當，去南昌七百里，水神告之故，且助以風，一夕而至預會。閻請諸賓序之，皆辭，且及章，勃乃不辭而賦，閻不悅，令吏給筆札候之，得句輒報，至「落霞孤鶩」，歎曰：「此天才也。」後又有王緒爲賦，王仲舒爲記，故韓退之稱三王之文。

徐孺子祠在東湖小洲上。記云：「章水經南昌城西，歷白社，其西有孺子墓，又北歷南塘，其東爲東湖，湖南小洲上有孺子宅，號孺子臺。吳太守徐熙於墓隧種松，太守謝景於墓側立碑，晉太守夏侯嵩於碑旁立思賢亭，至拓跋魏時謂之聘君亭。今亭尚存，而湖南小洲世不知其嘗爲孺子宅，又嘗爲臺也。余爲太守之明年，始即其地結茅爲祠，圖孺子像，祠以中牢，率州之人拜焉。」此曾子固筆也。蘇雲卿祠亦在百花洲上，以配徐孺子。

浮梁景德鎮雄村十里，皆火山發焰，故其下當有陶埴。應之本朝，以宣、成二窑爲佳。宣窑以青花勝，成窑以五彩。宣窑之青，真蘇浡泥青也。成窑時皆用盡，故成不及宣，宣窑五彩堆垜深厚，而成窑用色淺淡，頗成畫意，故宣不及成。然二窑皆當時殿中畫院人遺畫也，世廟經醮壇琖亦爲世珍。近則多造濫惡之物，惟以制度更變，新詭動人，大抵輕巧最長，古樸盡失，然此花白二甆，他窑無是。遍國中以至海外夷方，凡舟車所到，無非饒器也。近則饒土入地漸惡，多取於祁、婺之間，婺人造土成磚，磨磚作漿，澄漿作塊，計塊受錢，饒人買之，以爲磁料。

白鹿洞書院在五老峰下。始自南唐，以李善道爲洞主，建學置田，以給諸生，至宋而大盛，與嵩陽、石鼓、岳麓爲四大書院。蓋是晦翁過化之處，巖壁間多遺手澤，然其地偪塞蒸濕，無夷曠之致，惟是松風石溜與五老秀色，幽寒動人云。白鹿者，唐李渤與兄涉俱隱洞中，養白鹿以自娛，至今間有見者。

康郎山忠臣三十五人，南昌忠臣十四人，乃國初與陳友諒決戰於江西者。其在鄱湖，紀信誑楚，冠服投江，則韓成之力；在南昌，晝夜巡城，伏弩殞命，則趙德勝爲上。是舉也，本朝之王業定矣。友諒既死，則士誠輩皆棲息餘魂耳。然友諒既據九江、武昌，不能西嚮掃清中原以據上游，而徒東與吳仇，且戀戀以南昌、九江，是亟宜其死也。

贛州贛水，乃章、貢二水合名也。章水源出南安聶都山，流府城西，貢水源出汀州新樂山，流府城東，皆環城而北合於一。又北流過萬安，其地怪石崚嶒，喧流洴湃，有十八灘，古稱險阨敗舟，余擕家過，心危之，至則見安流耳，豈余度險之多故耶？吉州惶恐諸灘，又不在十八灘之列。

南贛稱虔鎮，在四省萬山之中。轄府九，汀、漳、惠、潮、南、韶、南、贛、吉；州一，郴；縣六十五，即諸郡之邑也；衛七，贛州、潮州、碣石、惠州、汀州、漳州、鎮江，衛所官一百六十四員，軍二萬八千七百餘名，寨隘二百五十六處，專防山洞之寇也。正、嘉之間，時作不靖，近稱寧謐，要在處置得宜爾。

大庾嶺南龍之幹，而水分南海、東海之流者也。梅福爲南昌尉，其後隱居於此，故又稱梅嶺。後人亦因而種梅其間。道路險狹，今爲張曲江所鑿而開者，江、廣百貨所由地。

吉安夙稱節義之鄉，然至宋而盛。其祠有四忠、一節，祀歐陽文忠修、楊忠襄邦乂、胡忠簡銓、周文忠必大、江文節萬里。其後有文信國天祥、鄒侍郎溫，又有太學王炎午、布衣劉子俊、彭震龍、劉自昭、張雲，皆信國門客，始終以死報信國者。至本朝靖難，又有周紀善是修、曾御史鳳韶、魏御史冕、王編修艮、顔沛縣伯瑋、王教諭省、鄒大理瑾、彭大理與明八人，良非他處所及。余台靖難時亦有八忠。

樟樹鎮在豐城、清江之間，煙火數萬家，江、廣百貨往來與南北藥材所聚，足稱雄鎮。

武寧有所謂「常州亥」者，初不知何謂，問之，乃市名。古人日中爲市，今吳、越中皆稱市，猶古語也。河南謂市曰集，以衆所聚也。嶺南又謂市曰虛，以不常會多虛日也。西蜀又謂市曰痎，如瘧疾間而復作也。江南惡以疾名，止稱亥，又可捧腹。

射蛟浦在湖口縣西南，一名黄牛洑。昔漢武帝欲登南岳，以道阻江、漢，望祭灊山，浮江泛舟，親射蛟，於潯陽江中獲之。此自英雄大略之主，敢作敢爲之事，意到即行，無人敢誘之，亦無人能止之者。若後世，即無此等事。

奉新有樟柳神者，假託九天玄女之術，俗名耳報。乃其地有此樹，人取樹刻兒形而傳事之。其初乃章、柳二家子死，共埋於樹下，久之其樹顯靈。兒形以一手掩耳，貫以鍼，煉以符咒，數以四十九日，耳邊傳言則去其鍼。其神乃小兒，故不忌淫穢，不諱尊親，不明禮法，隨事隨報，然亦不能及遠，亦不甚知來。其術煉之，有用萬家土、萬人路者，土謂燕窠，路謂板橋[一四]，取伴其神裹之，驗最速，若用金銀諸物者，則皆冀以賍賺而去，非實也。其神之依人，則任其爲盜而亦聽之，故是兒神不明禮法。近見一二縉紳，亦有事此神以譚幽弔詭者，最可笑。

江湖社伯，到處有祀蕭公、晏公者，其神皆生於江右。蕭公諱伯軒，龐眉、美髯、白皙，生而剛直[一五]，善善惡惡，里閭咸質之。没於宋咸淳間，遂爲神，附童子言禍福，鄉人立廟於新淦縣之大洋洲，洪武初曾遣官諭祭。晏公名戍仔，亦臨江府之靖江鎮人也。濃眉、虬髯，面如黑漆，生而疾惡太甚。元初以人材應選，入爲文錦局堂長，因疾歸，登舟，遂奄然而逝。鄉人先見其騶從歸，一月訃至，開棺無所有，立廟祀之。亦云本朝封平浪侯。以上江西。

湖廣在春秋、戰國間稱六千里大楚，跨淮、汝而北之將及河。本朝分省，亦惟楚爲大。其轄至十五郡，如鄖之房、竹山，荆之歸、巴東，與施、永、偏橋、清浪等衛所，動數千里，入省踰月，文移之往復，夷情之緩急，皆所不便。而辰、永督學，屢合屢分；鄖、沅開府，或罷或興，黎平生儒，此考彼試，種種非一。況貴竹、粵西兩省，雜以傜僮夷苗，主以衛所，間以土酋，咸不成省。院司以官至者，人我咸鄙夷之。謂當以辰州、沅州、靖州分屬貴陽[一六]，永州、寶慶、郴州分屬粵西，則十三省大小適均，民夷事體俱便。

三湘總之一湘江也。其源始海陽而北入洞庭，其流過永而瀟水入之，是謂瀟湘；過衡而蒸水入之，是謂蒸湘；過常而沅水入之，是謂沅湘。湘江其初最清，百尺而毛髮可鑑，比會衆流下洞庭始濁。湘君、湘夫人古今以堯女舜妃當之，唐人用以爲怨思之詩。然計舜三十登庸，釐降二女於溈汭，即年二十，而舜以百十歲崩蒼梧，二女亦皆百歲人矣。黄陵啼鵑，湘妃竹淚，至今以爲口實，可笑也。

《禹貢》：「九江孔殷。」釋之者云，即洞庭也。沅、漸、元、辰、溆、酉、豐、資、湘九水皆合於此[一七]，故名九江。又九江，沅、資、湘最大，皆自南而入，荆江自北而過，洞庭瀦其間，名五瀦。《戰國策》云「秦與荆戰，大破之，取洞庭五瀦」是也。每年六七月間，岷、峨雪消，江水暴漲，自荆江逆入洞庭，清流爲之改色。

楚有四樓。仲宣樓在當陽城上，倚曲沮，夾清漳。今荆州城上樓，乃五代高季興建望沙樓故址也，宋陳堯咨更今名。晴川樓，南對黄鶴，從武昌望之佳。黄鶴以製勝，如蓮瓣垂垂，洲渚掩映。岳陽以境勝，八百里洞庭，一髪君山，眼界奇絕。總之，岳陽爲上，黄鶴次之，晴川、仲宣又次之。

武當，謂山阜高大，非玄武不足以當之。今其巨阪造天，危巒逼漢，良然。然自天柱而外，别無奇詭之觀，徒土木之偉麗爾。當文皇造五宫時，用南五省之賦，作之十四年而成，此殆不可以萬萬計者。當時勝國府庫蓄積既多[一八]，而五嶺、九邊咸無兵餉歲例之費，今日國家財力，何能爾爾。

志稱黄鶴樓在府城西南隅黄鶴磯上。世傳仙人子安乘黄鶴過此，又云費文禕登仙，駕黄鶴返憩於此，唐閻伯程作記以文禕事爲信。或者又引梁任昉《記》，謂駕黄鶴之賓乃荀環，字叔禕，非文禕也。宋張栻亦辯其非。

洞庭水淺，止是面闊，括風驚濤軟浪，帆檣易覆，故人多畏之。湖中有數蛟，有喜食糟粕者，遇舟中攜糟物過，出而奪之；有喜食硃砂者，遇舟中攜硃砂過，出而奪之。奪則濤興浪起，或危舟楫，齎此物者或重裹以犬羊之鞹。余以端午過洞庭，風浪大作，時兒女或以硃砂塗耳鼻者，舟人亦請棄之。余笑謂，老蛟乃竊此分文之餘乎？已而風息，類藉口如是。

洞庭水漲，延袤八百里，盜賊竊發，乃於岳州立上江防兵備，轄三哨，官兵偵治之。上哨自岳州府南津港至長沙湘陰縣哨，約三百餘里，南接蒼梧，北達荆、郢，東會漢、沔，爲洞庭左臂。哨内小巡把總一，哨官鹿角、磊石、穴子、湘陰哨四，巡簡鹿角、營田各一。信地，兵船自府五里至南津港、五里。荆埠港、十五里。河公廟、二十五里。新牆河口、十五里。萬石湖、六里。鹿角、二十五里。啄鉤嘴、二十五里。磊石、十五里。鯽魚夾、十五里。青草港、十里。彦公埠、十五里。穴子哨、十五里。白魚圻、十五里。營田司、二十五里。大頭寨、五里。横嶺、十五里。蘆林潭，水退，各船分移於扁山、高沙洲、沉沙港、蘆林潭等地。中哨，自君山後湖至常德傅家圻三百六十餘里，西北通巫峽，西抵辰、沅，東南極瀟湘，爲洞庭右臂。哨内小巡把總一，哨官明山一，巡簡古樓一。信地，兵船自君山後湖、五十里。蓼荆灣過洞庭大湖，至昌蒲臺、五十里。昌蒲臺內、七十里。石門山迤西、六十里。白茆磯迤北、十五里。傅家圻，自昌蒲外迤東，八十里。團山、二十里。吉山、十五里。古樓、三十里。明山，水退，分移布袋口、洞庭夾、白水夾、上下井灘等信地。下哨，長江一帶，自岳州至嘉魚界墩子口，約三百餘里，南吞七澤，北迎湘、郢，東連潯、黄，西接三巴，爲洞庭咽喉。哨內小巡百戶一，哨官茅埠、竹林各一，巡簡黄家、瓦子、城陵、白螺、鴨欄、茅鎮、石須共七。信地，兵船過江北岸、四十里。瓦子灣、二十里。藤站湖、十五里。鹽船滏、二十五里。楊圻腦、二十里。黄家穴、六十里。上茅灣、六十里。西江嘴，西岸流水口、四十里。白螺磯、三十里。楊林山、二十里。白螺山、三十里。王家保、二十五里。新堤口、十里。茅埠鎮、三十里。烏林磯、十五里。竹林灣、十五里。杜家洲、五里。紀家洲，東岸城陵司、五里。團山磯、十五里。象骨港、二十里。道人磯、三十里。青江口、十五里。高家墩、三十里。石頭口、十五里。六溪口、十五里。丘公灣、十里。墩子口、十里。嘉魚縣。此萬曆乙酉馮仁軒露備兵岳州時刻圖。

古今譚形勝者，皆云關中爲上，荆、襄爲次，建康爲下。以今形勝，則襄陽似與建康對峙者，建康東、南皆山，西、北皆水；襄陽西、南皆山，東、北皆水。以勢則襄山據險而建山無險，以勝則江水逆來，而漢水順去。故論荆、襄則襄不及荆，其規模大而要害攬也。荆州面施、黔背襄、漢，西控巴峽，東連鄢、郢，環列重山，襟帶大江，據上游之雄，介重湖之尾，爲四集之地。蜀漢據而失之，驍將既折，重地授人，僻在一偏，不卜而知其王業之難成也。

江陵作相，九列公卿半緊楚人。如呂相國調陽、方司馬逢時、李司空幼滋、曾司空省吾、劉司寇一儒、王少宰篆、謝司徒鵬舉、陳宗伯恩育、汪冢宰宗伊，各據要路。其後，吳相繼之，則許相國國、王相國錫爵、徐宗伯學謨、姜宗伯寶、顧司馬章志、方司徒宏靜、王司寇世貞、王御史大夫樵、趙少宰用賢、程司徒嗣功、顧司馬養謙。今則豫章漸盛，衷御史大夫貞吉[一九]、蔡冢宰國珍、徐司空作、鄧少宰以讚、范宗伯謙、董司空裕。雖其間彈冠引兌，賢不肖人人殊，然偶一宰執起，則公卿相隨而出，亦關此方氣運地脈一時之盛也。

襄陽夙稱多耆舊古蹟，余曾有《弔襄文》。如大堤，古築之以捍漢水者也，後遂爲游樂之地，男女蹋歌，《樂府》有《大堤曲》，曰：「漢水横襄陽，花開大堤暖。」曰：「大堤諸女兒，花豔驚郎目。」西北二十里隆中山，諸葛孔明隱處。棗陽有南陽城，想所云「躬耕南陽」即此，非宛中之南陽也。城南峴山，羊叔子所登而歎，其云：「自有宇宙，便有兹山，由來賢哲登此者多矣，而皆湮没無聞。」此語千古悲咽。祜没，襄人感之，爲立碑流涕，名「峴山墮淚碑」。山畔習家池，後漢習郁依范蠡養魚法穿之，謂其子曰：「必葬我近魚池。」後山簡鎮襄，愛之，輒游池上，醉而名之曰高陽池，詩稱「倒著白接羅，酩酊還騎馬」者是。峴山又有杜甫故宅，習池亦有王粲井。甫詩云：「清思漢水上，凉憶峴山巔。吾家碑不昧，王氏井依然。」城西十里萬山，乃鄭交甫所見游女爲解佩處，云此山之曲隈也。山下有萬山潭，晉杜預伐吳，勒碑紀功，一置萬山之上，一置兹潭之下，云他日恐深谷爲陵也。唐鮑溶詩云：「襄陽太守沉碑意，身後身前幾年事。漢江千古未爲陵，水底魚龍應識字。」府西北爲夫人城，昔朱序鎮襄陽，苻堅圍之，序母韓氏謂城西北必壞，領百餘婢增築二十丈，賊果潰西北，衆守新城而退，名夫人城。東南三十里鹿門山，龐德公隱居其上，劉景升所過而歎異之者。其後居士龐藴復居之，男女不婚嫁，共學無生，白日坐化。其後孟浩然復來居之。府治西文選樓，梁昭明太子聚賢士劉孝威、庾肩吾、徐昉、江伯操、孔敬通、惠子帨、徐陵、王囿、孔樂、鮑至等十餘人〔二〇〕，號「高齋學士」，著《文選》於此。郡北樊城，隔漢江與襄陽對峙，周仲山甫所封，關羽圍曹仁於樊城北。沔水有斬蛟渚，乃襄陽鄧遐揮劍處，人知斬蛟有澹臺、周處，而不知有遐。又有楚昭王、莊王、淳於髡、黄憲、劉表等墓，鄾、鄀、春陵等城，其人又有尹伯奇、卞和、司馬德操、張柬之、杜審言、皮日休諸人。

蘄、黄之間，近日人文飆發泉涌，然士風與古漸遠，好習權奇，以曠遠爲高〔二一〕，繩墨爲恥，蓋有東晉之風焉。然其一段精光亦自鏟埋不得。毋論士大夫，即女郎多有能詩文者，如周元孚、董夫人輩。又毋論詩文，近且比丘尼輩出，高譚禪理，如所云澹然、明因、自信等，余蓋於李卓吾《八觀音問》中崖略見之。李以菩薩身自任，蹤蹟太奇，其與耿司寇以學問相傾，不啻剸刃。

蘄竹爲器，抽削如絲，纖巧甲於天下。復有蘄艾、蘄龜、蘄蛇。艾則惟荆王府内片地出者佳，然不多得。蛇與龜皆生於他鄉村。蛇則頭有方勝，尾有指甲，兩目如生，自刳腸盤屈而死者，可已大風。龜則背有緑毛，可辟蠅蟲，置之書篋，數年不死，然多贋者，以小龜塗馬矢放陰溝中，緑毛自生，攜出者不久即落也。竹則以色瑩者可簟，節疏者可笛，帶鬚者可杖。

赤壁山，《一統志》云在江夏東南九十里。唐《元和志》亦稱在蒲圻縣西一百二十里，北岸烏村，與赤壁相對，即周瑜焚曹操處。《圖經》乃謂在嘉魚縣西七十里，至宋蘇軾又指黄州赤鼻山爲赤壁。蓋劉備居樊口，進兵逆操遇於赤壁，則赤壁當在樊口之上。又赤壁初戰，操軍不利，引次江北，則赤壁當在江南。今江、漢間言赤壁者五：漢陽、漢川、黄州、嘉魚、江夏，惟江夏之説合於史。

衡山禹碑，唐劉禹錫、韓昌黎皆有詩，宋朱晦翁、張南軒至衡嶽尋訪不獲，其後晦翁作《韓文考異》，遂謂退之詩爲傳聞之誤，蓋以耳目所限爲斷也。王象之《輿地紀勝》云：「禹刻在岣嶁峰，又傳在衡山雲密峰，昔樵人曾見之，自後無有見者。宋嘉定中，蜀士因樵夫引至其所，以紙搨七十二字，刻於夔門觀中，後俱亡。」近張季文僉憲自長沙得之，云自宋嘉定中何某摹於嶽麓書院者。斯文顯晦，信有神物護持。其文「承帝曰嗟」至「竄舞永奔」，實七十七字云，「二」誤也。此見楊用修《録》中。

九疑山，乃南龍大幹行龍之地，其峰有九，參差互映，望而疑之，故名九疑。蓋山有九水，四水陽流，注於南海，五水陰流，注於洞庭。五水者，瀟、湘、舜源水、渹水、砅水等也。九峰謂朱明、石城、石樓、娥皇、女英、舜源、簫韶、桂林、杞林。大舜陵在其中，太史公所謂「舜崩蒼梧之野，葬於零陵之九疑」者是也，今不知其處，惟於簫韶峰下立廟祭之。秦皇、漢武皆以道阻不得過江、漢而望祭焉，宋置陵戶，禁樵採。

宜章，登舟即古所稱瀧水，兩崖咸石，頗似巴江，以其形似龍然，故稱瀧。然水小而險，最善壞舟，不數日而達廣之韶，其勢甚速。然僅可用艄艋，力不能載十石，不若蜀舟之大也，韓文公入潮陽由此。

永近粵，鄉村間稍雜以夷獠之俗。男子衣裙曳地，婦女裙褲反至膝止，露骭跣足，不避穢污，著草履者其上也。首則飾以高髻，耳垂大環，鑄錫成花，滿頭插戴。一路鋪遞皂快、輿夫、馬卒之徒，皆以婦代男爲之，致男女混雜戲劇，官不能禁。

長沙卑濕，賈生賦鵩以死，古今一詞。余過其地，見長沙雖濕，非卑而濕也，蓋猶在洞庭上流，岳渚、漢陽尚在其下，安言卑也？惟諸郡土皆黑壤，而長沙獨黃土，其性黏密不滲，故濕氣凝聚之深。誼洛陽人，故不宜也。卑濕之地，當以閩、廣爲最。漳、泉葬者，若全棺入地，則爲水所宿。番禺，江一日兩潮汐至蒼梧，其地下可知。

辰州在五溪、二酉之間，蓋漢五溪蠻地，亦曰武陵蠻，謂武陵有五溪：雄溪、樠溪、酉溪、潕溪、辰溪，俱在今瀘溪縣轄。馬伏波所征，其稱「上潦下濕，視飛鳶跕跕墜水中，思少游」語即此。余行其地，登水邊石洞數處，咸云伏波避暑洞。當時謠云：「鳥飛不度兮，獸不能臨」。嗟哉！武溪何毒霪也。由辰溪八十里即大酉，云黃帝藏書處。黔中他洞皆濕，惟大酉獨乾潔，遥望洞口石脊[一二]，亦似橋山。小酉在貴竹酉陽。

鄖，地介河南、湖廣、陝西、四川四省，山谷阨塞，林箐蒙密，既多曠土，又有草木可採掘而食，自古爲逋流之地。國初鄧愈剿除之，空其地，禁流民不得入。天順中歲，饑民又徙入，不能禁。至成化元年，亂乃生，劉千斤挾石和尚，僭號改元。遣尚書白圭討平之。未幾，餘孽李鬍子又亂，再遣項忠，忠乃招諭捕發還鄉者百四十萬[一三]，編成者萬人，然後擊殺李鬍子。十二年，流民復集，都御史李賓恐逐之生亂，請因而撫定之，使占籍以實襄、鄧戶口。乃命副都原傑往籍流民，得十一萬三千戶，遣歸者一萬六千餘，願留者籍之。改鄖縣爲郡治以開府，至今乃安。高岱謂：「項忠之盪定，乃一時之功；原傑之經略，則百世之利。」

黎平府立於湖廣五開衛之中，原爲犬牙相制之意。雖其壤接平溪，然夷箐難行，其路復出楚中，既過沅州，則皆楚地，復經黔陽、會同、靖州、銅鼓，四五百里方至。過他省而抵己郡，毋論窵遠，如事體何。又青衿子弟，由楚督學選就試，方入貴試院。舊時，貴院於黎平士子有暗記，如兩都監生例。及乙酉遣京官主考，硃卷無識，遂至一榜中黎平十人，已占貴三之一，貴士遂閧然不欲黎士就貴試。此於夷情士習、官體文移均屬未妥。

施州、保靖、永順正當海内山川土宇之中，反爲槃瓠種類盤踞。施州東抵巴東五百里，西抵酉陽九百里，南抵安定硐、北抵石柱司各七百里，依稀閩、浙全省地。而永順東、南、西、北咸徑六百里。保靖東西亦五百里，南北半之。其俗男不裹頭，女衣花布，親喪打葬，就日而埋，疾病則擊銅鼓、沙鑼以祀鬼神。居常則漁獵腥羶、刀耕火種爲食，不識文字，刻木爲契，短裙椎髻，常帶刀弩爲威。其人雜夷獠，不可施以漢法，故歷代止羈縻之。本朝籠以衛所、土司，有事調之則從征，逮之則不至。南去爲辰州，又南爲柳、慶，族皆其種，俗亦近之。秦、漢所稱黔中之地。然辰以南屢經征伐，其人遂分夷、漢。夷者統以土司，漢者治以有司。不若施、永之一概羈縻也。然雖漢人、漢法之處，其城市者衣服言語皆華人，而山谷間亦頗雜以傜俗，不盡純也。

楚中與川中均有採木之役，實非楚、蜀産也，皆産於貴竹深山大壠中耳。貴竹乏有司開採，故其役耑委楚、蜀兩省。木非難而採難，伐非難而出難。木值百金，採之亦費百金；值千金，採之亦費千金。上下山阪，大澗深阬，根株既長，轉動不易，遇阬坎處，必假他木抓搭鷹架，使與山平，然後可出。一木下山，常損數命。直至水濱，方了山中之事。而採取之官，風餐露宿，日夕山中，或至一歲半年[二四]。及其水行，大木有神，浮沉遲速，多有影響，非尋常所可測。

天生楠木，似耑供殿庭楹棟之用。凡木多囷輪盤屈，枝葉扶疏，非杉、楠不能樹樹皆直。雖美杉亦皆下豐上鋭，頂踵殊科，惟楠木十數丈餘既高且直。又其木下不生枝，止到木巔方散幹布葉，如撑傘然。根大二丈則頂亦二丈之亞，上下相齊不甚大小。故生時軀貌雖惡，最中大厦尺度之用，非殿庭真不足以盡其材也。大者既備官家之採，其小者土商用以開板造船，載負至吴中則拆船板，吴中拆取以爲他物料，力堅理膩，質輕性爽，不澀斧斤，最宜磨琢，故近日吴中器具皆用之，此名「香楠」。又一種名「鬬柏楠」，亦名「豆瓣楠」，剖削而水磨之，片片花紋美者如畫，其香特甚，爇之，亦沉速之次。又一種名「瘿木」，遍地皆花，如織錦然，多圓紋，濃淡可挹，香又過之。此皆聚於辰州。或云，此一楠也，樹高根深入地丈餘，其老根旋花則爲「瘿木」，其入地一節則爲「豆瓣楠」，其在地上者則爲「香楠」。

楚本澤國，最稱多魚。淮、揚、吴、越之地未嘗非水鄉，然未若長沙、武陵之間，魚可以澤量者，亦地産異也。大江上下，則美鱘、鰉，然此魚雖佳而最醜惡，如身長五尺則鼻亦四尺餘，惟鼻長，故口在鼻下，如在腰間，魚鰕遇輒避，苦不得食，每仰游，開口接而食之。今所造鮓，硬骨而適口者，即鼻肉也。而鼻善痛，稍觸之則徹骨不禁，而魚鼻長又善觸，故游必鼻向上，尾向下，又不敢近岸，畏崖石。取者探其情，極易得之。此種爲江魚，可網不可畜。其鬻種於吴、越間者爲鰱魚，最易長，然不種子，或云楚人來鬻者，先以油餅餌之，令不誕也。細者如鍼，千餘頭共一甌盛之，在彼無不活者，吴、越人接手中即以漸死，若隨接隨入池中，又無不活者。入池當夾草魚養之，草魚食草，鰱則食草魚之矢，鰱食矢而近其尾，則草魚畏癢而游，草游，鰱又隨覓之。凡魚游則尾動，定則否，故鰱、草兩相逐而易肥。計然爲十洲三島爲此故。草魚亦食馬矢，若池邊有馬廄，則不必飼草。以上湖廣。

廣東，南越地。秦已爲南海郡，後龍川令趙佗格命自王，漢武始征之。其當時兵以四道入，衛尉路博德爲伏波將軍，出桂陽，下匯水。以今觀之，意洭水也。洭在英德縣東南四十里，一名洸水，又名洭浦，源出永州界，過陽山，下三水與湞合。主爵都尉楊僕爲樓船將軍[二五]，出豫章，下橫浦。橫浦在今南安。此則過大庾嶺，由曲江下湞水入越者也，故歸義、越侯二人爲戈船，下厲將軍出零陵，下灕水，抵蒼梧，即今廣右府江。使馳義侯因巴、蜀罪人發夜郎兵，下牂牁江，咸會番禺，即今廣右左江。從蜀盤江過貴竹跌水，此皆灘險，不可舟，至田州、泗城方可進舟，先與府江會於蒼梧，東行至三水亦與湞合。其云咸會番禺者，總之之詞也。

廣中稱嶺外者，五嶺之外也。五嶺釋不同，裴氏《廣州記》云：「大庾、始安、臨賀、桂陽、揭陽。」鄧德明《南康記》云：「五嶺者，臺嶺之嶠。五嶺之第一嶺也，在大庾；騎田之嶠，五嶺之第二嶺也，在桂陽；都龐之嶠，五嶺之第三嶺也，在九真；萌渚之嶠，五嶺之第四嶺也，在臨賀；越城之嶠，五嶺之第五嶺也，在始安。」據此，則九真與揭陽稍殊，餘四嶺同。乃《淮南子》又曰：「始皇利越之犀角、象齒、翡翠、珠璣，乃使尉屠睢發卒五十萬爲五軍，一軍塞鐔城之嶺，一軍守九疑之塞，一軍處番禺之都，一軍守南野之界，一軍結餘干之水。」鐔城在武陵西南[二六]，接鬱林，九疑在零陵，番禺在南海，南野、餘干在豫章。其說又不同。若云五嶺地方，當如《廣州》、《南康》二記，蓋其所言，乃南龍大幹橫過空缺處，皆當守寨也。

《淮南》云云，豈秦皇所戍者五嶺其名也，而當時調度又不拘拘於此五處耶？

廣南所産多珍奇之物。如珍則明珠、玳瑁。珠落蚌胎，以圓净爲貴，以重一錢爲寶；玳瑁龜形，截殼爲片，貴白勝黑，斑多者非奇，出近海郡。石則端石、英石。端溪硯貴色紫潤而眼光明，下巖爲上，子石爲奇；英德石色黑緑，其峰巒竅竇摺紋，扣之有金玉聲，以爲窗几之玩。香則沉速，出黎母山，以密久近爲差。花則茉莉、素馨，此海外香種，不耐寒，具陸賈《南中花木記》。果則蕉、荔、椰、蜜。蕉，緑葉丹實，其木攢絲，食其實而抽其絲爲布；荔枝園，五月纍纍然，色如赤彈，肉如團玉，或云閩荔甘，廣荔酸。椰子，樹似檳榔，葉如鳳尾，實如切肪，琢其皮可爲瓢、杓、梧、棬。波羅蜜大如斗，剖之若蜜，其香滿室，此産瓊海者佳。木則有鐵力、花梨、紫檀、烏木。鐵力，力堅質重，千百年不壞。花梨亞之，赤而有紋。紫檀力脆而色光潤，紋理若犀，樹身僅拱把，紫檀無香而白檀香。此三物皆出蒼梧、鬱林山中[二七]，粤西人不知用，而東人采之。烏木質脆而光理，堪小器具，出瓊海。鳥則有翡翠、孔雀、鸚鵡、鷓鴣、鵕鸃、潮雞、鴆。翡翠以羽爲婦人飾。孔雀食蛇，毛膽俱毒，最自愛其尾，臨河照影，目眩投水中。鸚鵡紅嘴緑衣，不減川、陜，有純白者勝之。鷓鴣滿山亂啼，聲聲「行不得哥哥」，行旅聞之，真堪淚下；鵕鸃似山雞，以家雞鬬之，則可擒，其羽光彩，漢以飾侍中冠。潮雞似雞而小，頸短，能候潮而鳴。鴆羽些須可殺人，止大腹皮樹入藥，刮去其糞。獸則有潛牛、犦牛、熊。潛牛魚形，生高、肇江中，能上岸與牛鬬，角軟則入水濕之，堅則復出。犦牛出海康，項有骨，大如覆斗，日行三百里。熊有似牛似人，膽明如鏡。亦有蚺蛇，膽用與熊異，熊治熱毒，蚺治杖毒。魚之奇而大者，有鯨、鱷、鋸、鰭。鯨魚吹浪成風雨，頭角可數百斛，頂上一孔大於甕。鰐魚如鯪鯉，四足，長數丈，登涯捕人畜食之。鰭魚大盈丈，腹有洞，貯水以養其子，左右兩洞容四子，子朝出暮入宿，出從口，入從臍。鋸魚長二丈，則口長當十之三，左右齒如鐵鋸，生於潮、惠爲多。其他紅螺、白蜆、龜腳、馬甲、蠔、鱟等名品甚多，不可枚計。若夫犀、象、椒蘇、岐南、火浣、天鵝、片腦之類，雖聚於廣，皆西洋諸國番舶度海外而來者也。

俗好以蔞葉嚼檳榔，蓋無地無時，亦無尊長，亦無賓客，亦無官府在前，皆任意食之。有問，則口含而對，不吐不咽，竟不知其解也。或以炎瘴之鄉，無此則飲食不化。然余攜病軀入粵、入滇，前後四載，口未能食錙銖，亦生還亡恙也。大都瘴鄉惟戒食肉、絕房幃，即不食檳榔無害，渠土人食者，慣耳。滇人所食檳榔又與廣異，廣似雞心，如果肉；滇如羌核，似果殼。滇止染灰，亦不夾蔞葉。蔞一名蒟苗，即蜀人所造蒟醬者也。蔓生，葉大而厚，實似桑椹，其苗爲扶留藤，人食之唇如抹朱。楊萬里云：「人人藤葉嚼檳榔，戶戶茅簷覆土牀。」

廣中地土低薄，炎熱上蒸，此乃陽氣盡泄，故瓜茄咸經冬不凋〔二八〕，留之閱歲，從原榦又開花結子，不必再種也。結之三四歲〔二九〕，氣盡方枯。又得氣早，余以五月過端州，其地食茄已可兩月矣。

南中多榕樹，樹最大者長可十丈，蔭數畝，根出地上亦丈餘。臬司分道中一樹，根下空洞處可列三棹，同僚嘗醵飲其中。余參藩廣右，嘗過榕樹門下，樹附地而生[三〇]，刳其根空處爲城門也。

香山嶴乃諸番旅泊之處，海岸去邑二百里，陸行而至，爪哇、渤泥、暹羅、真臘、三佛齊諸國俱有之。其初止舟居，以貨久不脫，稍有一二登陸而拓架者，諸番遂漸效之，今則高居大厦，不減城市。聚落萬頭，雖其貿易無他心，然設有草澤之雄睥睨其間，非我族類，未必非海上百年之隱憂也。番舶渡海，其制極大，大者橫五丈，高稱之，長二十餘丈，內爲三層，極下鎮以石，次居貨，次居人，上以備敵占風。每一舶至，報海道，檄府倅驗之，先截其桅與柁，而後入嶴。若入番江，則舟尾可擱城垛上，而舟中人俯視城中。又番舶有一等人名崑崙奴者，俗稱黑鬼，滿身如漆，止餘兩眼白耳。其人止認其所衣食之主人，即主人之親友皆不認也。其生死惟主人所命，主人或令自刎其首，彼即刎，不思當刎與不當刎也。其性帶刀好殺，主人出，令其守門，即水火至死不去，他人稍動其扃鐍，則殺之，毋論盜也。又能善没，以繩繫腰入水取物。買之一頭值五六十金。

潮州在唐時風氣未開，去長安八千里，故韓文公以爲瘴癘之地。今之潮非昔矣，閭閻殷富，士女繁華，裘馬管絃，不減上國。然開雲驅鱷，潮陽之名猶在，故今猶得借此以處遷客。蓋今起萬曆丙戌，十載內無邑無之。如孫比部如法尉潮陽，楊給諫文煥尉海陽，陳祠部泰來尉饒平，林都諫材尉程鄉，高大行攀龍尉揭陽，周尚寶宏禴尉澄海，劉都諫宏寶尉惠來，沈文選昌期尉大埔，周御史元暐尉平遠，皆同時遷客也。止普寧一邑無人耳。潮，國初止領縣四：海陽、潮陽、揭陽、程鄉，今增設澄海、饒平、平遠、大埔、惠來、普寧六邑，此他郡所無。

潮州爲閩越地。自秦始皇屬南海郡，遂隸廣至今，以形勝風俗所宜，則隸閩者爲是。南幹自九疑來，過大庾嶺至龍南、安遠，其夾汀與贛，夾建寧與建昌界，度分草而趨草坪者[三二]，正幹也。至龍南不過安遠即南行，接長樂、興寧趨海豐入海者，分南行一支也。其南支似隔閩於東、廣於西，故惠州諸邑皆立於南支萬山之中，其水西流入廣城以出，則惠真廣郡也。潮在南支之外，又水自入海，不流廣。且既在廣界山之外，而與汀、漳平壤相接，又無山川之限，其俗之繁華既與漳同，而其語言又與漳、泉二郡通，蓋惠作廣音而潮作閩音，故曰潮隸閩爲是。

羅浮山在惠州博羅縣西北三十里，昔傳有山自海上浮來，與羅山合而爲一，故稱羅浮。道書十大洞天之一也。志稱山高三千六百丈，周三百餘里，蟠三十二峰，巒岫既秀，洞壑復幽。峰曰飛雲、曰玉鵝、曰麻姑，洞曰石臼、曰水簾、曰朱明、曰黄龍、曰朱陵、曰黄猿、曰蝴蝶。其選也。大小二石樓，登之可望滄海。樓前一石門，方廣可容几席。二山相接處有石磴，狀如橋樑，名曰鐵橋，橋端兩石柱，人跡罕到。

端溪在肇慶江南，與羚羊峽對峙，山峻壁立，下際潮水，而以上、中、下巖分優劣。故《硯譜》曰：「石以下巖爲上，中巖、上巖、龍巖、半巖次之，蚌阬下。」《志》云：「巖石爲上，西坑次之，移磨爲下。」今有新舊坑之分，舊坑石色青黑，温潤如玉，上生石眼，有青緑五六暈，而中心微黄，黄中有黑睛一，形似鸜鵒之眼，故以名。眼多者數十，如星斗排連，或有白點如粟，貯水方見，隱隱扣之與墨磨俱無聲，爲下巖之石，今則絶無有。上巖、中巖之石，紫者亦如猪肝，總有一眼，暈小形大，扣之、磨之俱有聲，即今之端石是也。眼分三種，活眼者暈多光瑩，淚眼者光昏滯而暈朦朧，死眼者雖具眼形，内外俱焦黄無暈。歐譜唐公曰：「眼乃石之精，如木之節，不知者以爲病。然古有貢硯無眼者，似又不貴眼也。」又《硯録》云：「眼生於墨池外曰高眼，生於池曰低眼。高爲貴，不知此特匠手之巧耳。又有上焉者，名子石，生大石中。」《唐録》云：「山有自然圓石，剖其璞焉謂之子石，此最發墨，難得，歐、蘇極重之。」蚌坑石亦深紫，眼黄白微青，不正，無瞳而翳，堅潤不發墨，與半巖石相類。

南中造屋，兩山牆嘗高起梁棟上五尺餘，如城垛然，其内近牆處不蓋瓦，惟以磚甃成路，亦如梯狀。余問其故，云近海多盜，此夜登之以瞭望守禦也。

雷州以雷名，或曰以在雷水之陽。雷水在擎雷山下，源出海康縣銅鼓村，南流七十里，東入於海，其初因雷震而得源者也。或又以爲地瀕南海[三二]，雷聲近在簷宇之間。又讀《雷公廟記》，則云：「陳太建初，州民陳氏者因獵獲一卵如囊，攜歸家，忽霹靂震之而生一子，有文在手曰雷，俗謂雷種，後名文玉，爲本州刺史，有善政，没而以靈顯，鄉人廟祀之。」後觀《國史補》又云：「雷州春夏多雷，秋日則伏地中，其狀如彘，人取而食之。」夫雷霆天之威也，雷可食乎？以此爲雷，是妄之妄也。想炎海陽氣所伏藏，變爲蠕動之物，此造化所不可曉者爾。

廉州，中國窮處，其俗有四民：一曰客戶，居城郭，解漢音，業商賈；二曰東人，雜處鄉村，解閩語，業耕種；三曰俚人，深居遠村，不解漢語，惟耕墾爲活；四曰蛋戶，舟居穴處，僅同水族，亦解漢音，以採海爲生。郡少耕稼，所資珠璣。以亥日聚市，黎、蛋壯稚以荷葉包飯而往，謂之「趁墟」。

珠池在合浦東南百里海中，有平江、青嬰等三數池，皆大蚌所生也。海水雖茫茫無際，而魚鰕蛤蚌，其産各有所宜，抑水土使然。故珍珠舍合浦不生他處。其生猶兔之育，惟視中秋之月，月明則下種多，昏暗則少。海中每遇萬里無雲、老蚌曬珠之夕，海天半壁閃如赩霞，咸珠光所照也。舊時蛋人採珠之法，每以長繩繫腰，攜竹籃入水，拾蚌置籃內則振繩，令舟人汲上之。不幸遇惡魚，一綫之血浮水上，則已葬魚腹矣。蚌極老大者，張兩翅亦能接人而壞之。後多用綱以取，則利多害少。珠池之盗，鳴鑼擊鼓，數百十人荷戈以逞，有司不敢近。然彼以劫掠無賴爲生，白手挈蛋人而竊之，多少所不論，皆其利也。若官司開採則得不償失，萬金之珠非萬金之費無以致之。世宗朝嘗試採之，當時藩司所用與内庫所入，其數具存，可鏡矣。盜珠者雖名曰禁，實陰與之，與封礦同。不則，此輩行掠，海上無寧，居然亦非有司之法所能扞也。

瓊州，南海中一大島，中峙高山，周圍乃平壤。南夷之性，好險阻而不樂平曠，故黎人據險先居之。在平壤者，乃能通中國聲教，則後至而附聚焉者也。黎人其先無世代，一日雷攝一蛇卵墮山中，生一女，歲久有交趾蠻過海採香者，因與爲婚，生子孫，此黎人之祖，故山名黎母山。以有五峰，亦名五指山。山極高大，屹立瓊、崖、儋、萬之間，爲四州之望。每晝，雲霧收斂，則五峰聳翠插天[三三]，昏時蔽不見。舊傳婺女星曾降此山，亦名黎婺山。諸黎環居，其去省地遠，不供賦役者號生黎，耕作省地者號熟黎。黎人之外始是州縣，四州各占島之一隅，北風揚帆，徐聞一日而渡[三四]。

瓊地本東西長南北縮，志稱：「東至海岸五百里，西至海岸四百里，不及千里而遥，其至海南崖州乃云一千四百里者，中隔黎山，由弓背上行也。周圍二千餘里。」沉速諸香皆出其内。沉乃千年枯木，土蜂穴之，釀蜜其中，不知年代，浸透木身，故重者見水而沉。不甚沉者，未遍也。今爇之皆蜜，蜜盡而烟銷。浸而未透者，速也；得氣而未浸者，牙也。

蘇子瞻謫海外，其自稱爲醉人所推罵，自喜不爲人認識。雖未必盡然，然其言自是胸中灑落[三五]，虚舟飄瓦，不爲擅行忤物之致。其《量移謝表》云：「疾病連年，人皆相傳爲已死；飢寒並日，臣亦自厭其餘生。」讀之令人悚然。

銅柱在欽州分茅嶺之下，漢馬伏波立以界欽州、安南者。或曰柱乃在安南境中，援當時誓云：「銅柱折，交人滅。」今交人過其下，每以石培之，遂成丘陵，懼其折也。又有古銅鼓，蠻人重之，今廉、欽村落土中嘗有掘得者，亦云伏波所餘。以上廣東。

【校勘記】

〔一〕六月七月：楊刻本作「六七月」。

〔二〕日：楊刻本作「則」。

〔三〕壊：楊刻本作「塑」。

〔四〕舟每：楊刻本互乙。

〔五〕否則：楊刻本作「否者」。

〔六〕毛海峰：楊刻本作「毛海」。

〔七〕楊、曾全無罪：《肇域志》此句下有一段文字：「張榮東疏：浙之甌海密邇閩疆，止沙埕鎮一水之隔，自閩寇跳梁，震鄰有恐，則温之南麂、東雒鎮、下大嵒等處在在可犯。」

〔八〕大姑：楊刻本作「大孤」。

〔九〕小姑：楊刻本作「小孤」。

〔一〇〕辯：楊刻本作「辨」。

〔一一〕穀粟：楊刻本作「穀菽」。

[一二]桃源洞：楊刻本作「姚源洞」。

[一三]鐵柱：楊刻本作「鑄柱」。

[一四]板橋：楊刻本互乙。

[一五]剛直：楊刻本作「剛正」。

[一六]貴陽：《肇域志》作「貴州」。

[一七]沅漸元辰漵酉豐資湘九水：胡渭《禹貢錐指》「元」作「潕」,「豐」作「澧」。

[一八]蓄積：楊刻本互乙。

[一九]衷：疑爲「袁」之訛字。

[二〇]惠子帨：王象之《輿地紀勝》「帨」作「悅」。　孔樂：《輿地紀勝》「樂」作「爍」。

[二一]曠遠：楊刻本作「曠達」。

[二二]遥：楊刻本作「遠」。

[二三]捕：《肇域志》作「撥」。

[二四]至：楊刻本作「止」。

[二五]爵：楊刻本作「勺」。

[二六]武陵：楊刻本作「武林」。

[二七]皆：楊刻本作「多」。

[二八]冬：楊刻本作「霜」。

［二九］四：楊刻本作「兩」。

［三〇］地：楊刻本作「城」。

［三一］分草：《肇域志》作「分水」。

［三二］爲：楊刻本作「謂」。

［三三］五：楊刻本作「一」。

［三四］聞：楊刻本作「開」。

［三五］灑落：楊刻本作「脱灑」。

廣志繹卷之五

西南諸省

蜀、粵入中國在秦、漢間，而滇、貴之郡縣則自明始也。相去雖數千年，然皆西南一天，爲彝漢錯居之地，未盡耀於光明，故以次於江南。

蜀有五大水入。嘉陵江從漢中自北入，岷江從松潘自西北入，大渡河從西番自西入，馬瑚江出雲南自西南入[一]，涪江出貴州自南入，總會於瞿塘三峽，向東而出。以七百里一綫之路，當貴、滇番漢之流，故江水發時，一夜遂高二十丈，至灧澦如馬，此海内水口之奇也。江行在兩崖間，天造地設，如鑿成石峴，其狹處，謂非亭午不見日，月影亦然。霜降水涸，僅如溪流，自四月至九月，石險水深，行人不敢渡，爲其湍急，舟一觸石則如虀粉。蜀舟甚輕薄，不輕又難爲旋轉[二]。諺云：「紙船鐵艄工。」蜀江篙師，其點篙之妙，真「百步穿楊」不足以喻。舟船順流，其速如飛，將近崖石處，若篙點去稍失尺寸，則遲速之頃轉手爲難，舟遂立碎，故百人之命懸於一人。上者猶可牽船，篾纜名曰火仗，長者至百丈，人立船頭，望山上牽纜人不見，止以鑼聲相呼應而已。猶幸寡崖無樹木句罥，上者但畏行遲，不懼觸石，所謂「三朝三暮，黄牛如故」也。若火仗一斷，則倒流碎石與下，無異夏水下川，則雖一日江陵，真以身爲孤注也。巫山神女廟，宋時范成大謂有神鵶送客，余乃未見。灩澦實一石，遠望之乃似碎石合成者，土人謂其下有三足，如雞足也，某年大旱得見之。

蜀錦、蜀扇、蜀杉，古今以爲奇産。錦，一縑五十金，厚數分，織作工緻，然不可以衣服，僅充裀褥之用，祇王宫可，非民間所宜也。故其制雖存，止蜀府中，而閭閻不傳。扇則爲朝廷官府取用多，近皆濫惡不堪。板出建昌，其花紋多者名抬山，謂可抬而過山也，此分兩稍輕，尺寸較薄，然人以其多紋，反愛之。有名雙連者，老節無文，似今土杉，然厚闊更優，多千百年古木。此非放水不可出，而水路反出雲南，即今麗江，亦即瀘水，亦即金沙江，道東川、烏蒙而下馬湖。其水磯洑礁滙，奔駛如飛，兩岸青山夾行，旁無村落。其下有所謂「萬人嵌」者，舟過之輒碎溺，商人攜板過此，則刻姓號木上，放於下流取之，若陷入嵌則不得出矣。嵌中材既滿，或十數年爲大水所衝激，則盡起，下流者競取之以爲横財。不入嵌者亦多爲夾岸彝賊所句留，仍放姓號於下流，邀財帛入取之。深山大林，千百年斫伐不盡。商販入者每住十數星霜，雖僻遠萬里，然蘇、杭新織種種文綺，吴中貴介未披，而彼處先得。妖童孌姬，比外更勝，山珍海錯，咸獲先嘗，則錢神所聚，無脛而至。窮荒成市，沙磧如春；大商緣以忘年，小販因之度日。至於建人補板，其技精絶，隨理接縫，瞠目爪之，莫辨形蹤。然余嘗分守右江，聞融、懷以北彝人有掘地得板厚止寸餘，堅重如鐵，勝建昌十倍者，一片易數金，數十家共得之，云是孔明征羌歸途過此，伐山通道入土年深者。余欲覓一蜕乘，恐差役緣此爲奸以挾彝人，乃寢。

川中郡邑，如東川、芒部、烏撒、烏蒙四土府亡論，即重慶、夔府、順慶、保寧、叙州、馬湖諸府，嘉、眉、涪、瀘諸州，皆立在山椒水漬，地無夷曠，城皆傾跌，民居市店半在水上。惟成都三十餘州縣一片真土，號稱沃野，既坐平壤，又占水利，蓋岷、峨發脈，山纔離祖，滿眼石壠，抱此土塊於中，實天作之，故稱天府之國云。

四川官民之役，惟用兵、採木最爲累人。西北、西南州縣多用兵，東南多採木。惟川北保、順二郡兩役不及，頗號樂土。即協濟不無，然身不俱往。縱罹殘僨，亦免死亡。

楊用修謂：「自古蜀之士大夫多卜居别鄉。李太白寓江陵、山東、池州、廬山，而終於采石。老蘇欲卜居嵩山，東坡欲買田陽羡。魏野之居陝州，蘇易簡之居吴門，陳堯佐之居嵩縣，陳去非之居葉縣，毋廷瑞之居大冶，虞允文之居臨川，牟子才之居霅川，楊孟載之居姑蘇，袁可潛之居笠澤。」豈以其險遠厭跋涉耶？

大禹生於石泉縣石紐村，即今之石鼓山，其山朝暮二時有五色霞氣。《華陽國志》稱「夷人營」。其地方百里不敢居牧，有過逃其野中不敢追，云畏禹神。能藏之三年爲人所得，則共原之，云禹靈已宥之[三]。唐李白亦書「禹穴」二字於石，楊用修遂以太史公所上之禹穴即此也，非會稽。蓋穿鑿之過。

李太白稱「蜀道之難，難於上青天」，不知者以爲棧道，非也，乃歸、巴陸路，正當峽江岸上。峻阪巉巖，行者手足如重累。黄山谷謫涪，云「命輕人鮓甕頭船，行近鬼門關外天」。人鮓甕在秭歸城外，盤渦轉轂，十船九溺。鬼門關正在蜀道，今人惡其名，以其地近瞿塘，改瞿門關，亦美。此地名爲楚轄也，蜀不修。蜀請楚修，楚謂雖楚地，楚人不行，蜀行之。楚亦不修。萬曆戊子，徐中丞元泰撫蜀，邵中丞陛撫楚，徐餉工費八百金於楚以請，邵修之，而還其金。至今道路寬夷，不病傾跌。惟是歸、巴郡邑僻小，殘僡不足供過客之扉履。攜家行者，苦於日不完一站，則露宿少停車之所，又荒寂無人煙聚落，故行者仍難之。

蜀中俗尚締幼婚，娶長婦，男子十二三即娶。徽俗亦然，然徽人事商賈，畢娶則可有事於四方，川俗則不知其解。萬曆十年間，關中張中丞士佩開府其地，每五里則立一穹碑嚴禁之，每朔、望闔邑報院，邑中婚娶若干家，某家男女若干歲，犯禁者重罪之。然俗染漬已久，不能遽變也。

白下石頭城僅西北里餘。若金城石郭，天設之險，無如重慶者。嘉、巴兩水隔石脈，不合處僅一綫如瓜蒂，甚奇。此龍脈盡處，止可固守爲郡邑，非霸業之資也。故明氏據以爲都不能自存，不如成都沃野千里，真天府國也。然僻處西南棧道，巴江隔限上國，畢竟非通都大衢，止可偏霸一隅，非王業之資也。故蜀漢以來至於孟氏，咸不能出定區宇。

離堆山在灌口，乃秦蜀守李冰鑿之以導江者也。記稱「鼇靈治水，杜宇讓王」，其世紀不可考。若祇以川中一省，則冰之績亦千萬世永賴之，不減神禹也。今新都諸處，飛渠走澮，無尺土無水至者，民不知有荒旱，故稱沃野千里。又江流清冽可愛，人家橋梁扉戶，俱在水上，而松陰竹影又抱繞於漣漪之間，晴雨景色無不可人。

內江、富順雖分轄兩府，然壤接境連，實緊片地，故聲名文物，等埒不相上下，猶餘姚、慈谿之在浙東也。

諸葛孔明八陣圖，余見在川中者兩處：新都牟彌鎮，陸陣圖也；夔府魚復浦，水陣圖也。牟彌鎮石堆，云一百二十八藂，乃石卵疊成。土人云，嘗爲人取去，其堆不減。種藝者犁平之後，藂亦然。此神其說，不可知。然遺蹤至今千餘年，不可謂無神鬼呵護者。余亦取一石置輿中。魚復浦則僅存八磧一短壠，云六十四蕝者，皆妄也。此登城望之，昭然爲泥淖，不可抵其下。然瞿塘象馬，江水如雷沸，而此八磧常存，則無論無六十四蕝，亦至怪矣。

夔州之麪和以雲陽之鹽，能使乘濕置書篋中而經歲自乾不壞。余戊子秋過夔，庚寅春居廣右，尚食夔麪也。

茘枝生於極熱之地，閩、廣外，惟川出焉。唐詩：「一騎紅塵妃子笑」，乃涪州茘園所貢也，故飛騎由子午谷，七日而達長安，茘子尚鮮。今涪園一株存，以獻新擾民，近爲一司李攝篆始斷其命根而絕之。此雖美意，然千年古木，一旦無端毀折之，良可惜也。余意若唐物，即存至今，未必花果。或者其遺種所嗣續，如孔林之檜耳。

孔明五月渡瀘，雖非瀘州，亦即此瀘水上流千餘里，在今會川地，名金沙江，又名黑水，其水色黑，故以瀘名之。當時渡瀘，即從雲南北勝、姚安入。北勝，古浪蕖地；姚安，古弄棟地。今北勝去會川有捷徑，止可人馬單行，數日而至，不能通大軍也。沈黎古志謂：「孔明南征由今黎州路，黎州四百餘里至兩林蠻，自兩林南琵琶部三程至嶲州，十程至瀘水，瀘水四程至弄棟，即姚州也。」兩林，今之邛部長官司。

川北保寧、順慶二府，不論鄉村城市，咸石板甃地，當時甃石之初，人力何以至此。天下道路之飭，無逾此者。

烏思藏所重在僧，官亦僧爲之。其貢道自川入，俗稱喇嘛僧，動輒數百爲群，聯絡道途，騷擾驛遞，頗爲西土之累。

棧道雖稱川，今實在陝。三峽雖稱川，今實在楚。今之棧道非昔也，聯輿並馬，足當通衢。蓋漢中之地舊隸蜀故。

漢夜郎縣屬牂牁郡，唐屬珍州。牂牁郡本且蘭國，在今播州界。珍州，今改爲真州長官司，在播州宣慰司東北二百里。真州長官司南六十里有懷白堂，昔人建以懷李白。桐梓驛西二十里有夜郎城，其古碑字已磨滅。

松潘有鐵索橋，河水險惡，不可用舟，又不能成梁，乃以鐵索引之，鋪板於上，人行板上，遇風則擺蕩不住，膽怯者坐而待其定，方敢過。余在滇中見漾濞江、怒江亦有此橋，皆云諸葛孔明所造也。楊用修《丹鉛總録》引《西域傳》有「度索尋橦之國」，《後漢書》「跋涉懸度」，注：「谿谷不通，以繩索相引而度。」唐獨孤及《招北客辭》：筰，「復度一索，其名爲筰。人懸半空，度彼絶壑。」今蜀松、茂地皆有此，施植兩柱於河兩岸，以繩絙其中，繩上一木筩，所謂橦也，欲度者則以繩縛人於橦上，人自以手緣索而進，行達彼岸，復有人解之，所謂「尋橦」也。用修川人，意見此制。余所見特索橋耳。

王全斌伐蜀，下之，進圖，欲併取滇雲，宋太祖持玉斧畫大渡河爲界，曰：「此外非吾有也。」以故滇雲全省棄於段氏，三百年間，士大夫宦游之跡不至。以上四川。

廣西水自雲、貴交流而來，皆合於蒼梧。左江正派始於盤江。北盤江出烏撒，繞貴普安之東；南盤江出霑益、六凉、澂江、通海，而皆會於阿迷。繞貴羅雄之南，兩江合而下泗城、田州，至南寧合江鎮，又與麗江合。麗江出交趾廣源川[四]，經太平、思明府。而下横州，至潯州南門，爲鬱江，即古牂牁江。漢武帝使歸義侯發蜀罪人，下牂牁江會於番禺，即此。右江正派始於柳江，源出都匀府，下獨山，經慶遠，至柳城與大融江合。大融江出靖州，經懷遠。過柳州至江口與洛溶江合，洛溶江出義寧，經洛溶。下象州與都泥江合，都泥江出貴州程番府，經南丹、來賓。始濁，乃入大藤峽。出峽抵潯州北門爲黔江，亦名潯水。黔、鬱二江合於潯東門，而下蒼梧與府江合，乃出封川過廣東入海。府江者，灕江也。灕水源興安之海陽山，一水相離，北入楚爲湘江，南入桂爲灕江。灕江南下，秦始皇命史禄鑿爲靈渠，取桂林、象郡。後唐李渤築斗門其間。經廣右省城，亦名桂江，下平樂而至梧，由肇慶、廣州二郡而後出海，幾八百里。海潮乃一日兩至蒼梧，雖山多而拔地無陂陀故也。

廣右山正北自黔中生，桂林西北自貴竹生，柳、慶、南、潯正西自廣南生，太平諸土州俱本省止。惟黔中一支從武岡出湘、灕二水間，起海陽山爲南龍正脈，迤逶東行作九疑。九疑北四水流楚，南四水流廣，再東則大庾是也。其西南自交趾而入者則爲思明、鬱林、廉、雷、高、肇，而止於石門。

自靈川至平樂皆石山拔地而起，中乃玲瓏透露，宛轉游行。如棲霞一洞，余秉炬行五里餘，人物飛走，種種肖形，鍾乳上懸下滴，終古累綴，或成數丈，真天下之奇觀也。廣右山多蛇虺，獨不藏匿洞中，極其清潔。若舟行陽朔江口，回首流盼，恐所稱瀛海、蓬萊三島不佳於是。

土官爭界爭襲，無日不尋干戈，邊人無故死於鋒鏑者，何可以數計也。春秋戰國時事當是如此，若非郡縣之設，天下皆此光景耳。當知秦始皇有萬世之功。

雲、貴土官各隨流官行禮，稟受法令，獨左、右江土府州縣不謁上司，惟以官文往來，故桀驁難治。其土目有罪，徑自行殺戮，時有以官祖母、官母護印者，其族類文移亦稱官弟、官男。

右江土兵喜於見調。調土兵，人給行糧俱爲土官所得，兵自齎糧以往，且獻名倍役者之數，以規糧給。即歲額戍守之兵，亦殘衰不堪用。然國家立法初意，第欲使之分其民以爲我役，姑以戍守爲名耳。左江兵弱，更不堪調。

土州民既納國税，又加納本州賦税，既起兵調戍廣西，又本州時與鄰封戰爭殺戮。又土官有慶賀，有罪贖，皆攤土民賠之，稍不如意，即殺而没其家。又刑罰不以理決，但隨意而行[五]，故土民之苦視流民百倍，多有逃出流官州縣爲兵者。

右江土州縣據險法嚴，土民無如其官何，而官抗國法。左江土州縣官畏國法，然勢弱，往往爲土民逐驅弑逆，而官又無如民何。此兩江土官之大較也。

奉議衛設於貴縣，馴象設於横州，南丹設於賓州，皆在左、右兩江之中，要使控制蠻夷，聲息援接，五屯以備藤峽，昭平以續江道，建置俱不爲無意。

三江蜑戶，其初多廣東人，産業牲畜，皆在舟中，即子孫長而分家，不過爲造一舟耳。婚姻亦以蜑嫁蜑，州縣埠頭乃其籍貫也，是所謂浮家泛宅者。吳船亦然，然多有家在岸。

廣右山，俱無人管轄。臨江山官府召商伐之，村内山商旅募人伐之，皆任其自取。至於平原曠野，一望數十里，不種顆粒。僮人所種止山，衡水田十之一二耳。又多不知種麥粟，地之遺利可惜也。

地産蚺蛇，性善淫。土人縛草爲芻靈，粉飾之，蛇見則抱而戲，人徑裂胸而取其膽，蛇對面而不知也[六]。若擊而取之，擊頭則膽隨頭，擊尾則膽隨尾，久而死，膽亦化矣，徒遺水，膽不足用也。取蛇而籠之，如路遇婦人，籠内頓跌幾欲絶。孔雀、鷓鴣、白鷴、翠鳥多出東、西粤，但養之不甚馴，亦不能久存。

古田既征，議善後者以廣右鹽利歸之官，藩司每年出銀五萬兩，命一府佐領至廣，買而易之，計利出入幾二萬，故邇來兵餉稍足。

廣東用廣西之木，廣西用廣東之鹽。廣東民間資廣西之米穀東下，廣西兵餉則借助於廣東。廣東人性巧，善工商，故地稱繁麗。廣西坐食而已。

永以西盡於粤江，婦女裙褌咸至膝，膝以下跣而不履，頭笄而耳瑱則全。

廣右山川之奇，以賞鑒家則海上三神山不過。若以堪輿家，則亂山離立，氣脈不結。府江兩岸石阜如鎗、如旗、如鼓、如鞍、如兜鍪、如疊甲、如蘭錡，無非兵象，宜猺僮之占居而世爲用兵之地也。江南雖多山，然遇作省會處，咸開大洋，駐立人煙，凝聚氣脈，各有澤藪停蓄諸水，不徑射流。即如川中，山纔離祖，水尚源頭，然猶開成都千里之沃野；水雖無瀦，然全省群流總歸三峽一綫，故爲西南大省。獨貴州、廣西山，牽群引隊向東而行，並無開洋，亦無閉水，龍行不住，郡邑皆立在山椒水濆，止是南龍過路之場，尚無駐蹕之地。故數千年閭汶，雖與吴、越、閩、廣同時入中國，不能同耀光明也。

廣右石山分氣，地脈疏理，土薄水淺，陽氣盡洩，頃時晴雨疊更，裘扇兩用。兼之嵐煙岫霧，中之者謂之瘴瘧。春有「青草瘴」，夏有「黄梅瘴」，秋有「黄茅瘴」，秋後稍可爾。中之者不宜遽表，宜固元氣，節食寡慾，戒動七情，稍服平胃、正氣二散。俗忌夜食，食必用檳榔消之。忌早起，起即用杯酒實之。孫直指刻《嶺南衛生方》，可覽。

府江兩岸六百里湍流悍激，林木翳暗，傜、僮執戈戟竄伏，鉤引商船，劫奪鹽米，甚至殺官傷吏，屢剿不止，祇爲深林密箐，彼得伏而下，我不得尋而上也。萬曆戊子，韓少參紹議召商伐去沿江林木，開一官路，令輿馬通行。平樂抵昭潭二百里，昭潭抵蒼梧界三百三十五里，各沖會哨六百四十里，自賀縣抵東安鄉，又抵龐沖共二百三十六里。總之鑿石五千二百五十二丈，爲橋梁四百七十有五，鋪亭一百三十有三，渡船十有三，率用戍守士卒，止用庫銀六千兩。松林、鼓鑼二峽尤稱險絕，并力鑿之。自此傜、僮種田輸租，不敢出劫舟船，晝夜通行，可謂耀暗汶於光明者矣。

廣右一路可通貴州，一路通雲南，一路通交趾。其通貴州者，乃由田州横山驛八十里至客莊驛，平。五十里歸洛驛，平。一百二十里往泗城州庴驛，有小嶺。一百二十里路城驛，有嶺。一百二十里安隆長官司，崎嶇。四十里打饒寨，可行。六十里北樓村，五十里過横水江至板柏村，俱崎嶇。七十里板屯土驛，路窄草木密。六十里洞洒村，有石。二十里安龍所，崎嶇。六十里魯溝，可行。至貴州。孫直指欲通此，使有事之日不單靠貴竹一路，甚善。第貴竹大路乃當兵威大創之後，其西八站又奢香自開。今太平無事時忽有此舉，土官疑其改土爲流，陽順而陰撓之，故終無成。且安隆三日路，亦自崎嶇不可開也。

桂林石細潤，靈瓏奇巧，雖雕繢不如，勝於太湖數倍。一種名靈芝盆，觚岸如荷翻狀，其洿隙成九曲之池，大小隨趣。以置淨室，前種小花樹，其上養金魚數十頭，亦奇賞也。

桂林無地非山，無山而不雁蕩；無山非石，無石而不大湖；無處非水，無水而不嚴陵、武夷。百里之内，獨堯山積土成阜，故名天子田；獨七星山一片平蕪，故名省春巖。平樂以上，兩岸咸石壁林立，則溪中皆沙灘無石，舟堪夜發。平樂以下，兩岸土山迤行，則江中皆石磯巉筍，動輒壞舟。李序齋聞余言笑曰：「尚欠二句。」余曰：「何也？」李曰：「無縣非人，無人而不傜、僮；無人無婦，無婦而不蓬跣。」衆乃大噱。

靖江府御門而見藩臬，坐受一拜，以次而起，雖禄千石，爵視郡王，其尊貴乃在諸親藩之上。宗室二千人，歲食藩司禄米五萬兩，故藩貯不足供，而靖宗亦多不能自存者。

廣右異於中州，而柳、慶、思三府又獨異。蓋通省如桂平、梧、潯、南寧等處，皆民夷雜居，如錯棋然，民村則民居民種，僮村則僮居僮耕，州邑鄉村所治，猶半民也。右江三府則純乎夷，僅城市所居者民耳。環城以外悉皆傜僮所居，皆依山傍谷，山衡有田可種處則田之，坦途大陸縱沃，咸荒棄而不顧。然僮人雖以征撫附籍，而不能自至官輸糧，則寄託於在邑之民。僮借民爲業主，民借僮爲佃丁，若中州詭寄者，然每年止收其租以代輸之官，以半餘入於己。故民無一畝自耕之田，皆僮種也。民既不敢居僮之村，則自不敢耕僮之田，即或一二貴富豪右有買僮田者，止買其券而令入租耳，亦不知其田在何處也。想其初改土爲流之時，止造一城，插數漢民於夷中則已。是民如客戶，夷如土著，田非不經丈量，亦皆以空牒塞責，故幅員雖廣，而徵輸寡、逋負多。

懷遠、荔波二縣皆土夷，縣官不入境，止僦居於鄰縣，每年入催錢糧一次而已。然復懷遠易，荔波難。荔波無一民，皆六種夷雜居，自思恩縣西去，陸行數百里，深則重溝，高則危嶺，夜則露宿，晝無炊煙，人多畏而不敢入。懷遠舊縣去融縣止百里，新縣雖深入二百里，乃有民三村，且縣前大榕江，上通楚靖，下達柳、象，舟行又便，而懷、治二堡，哨兵二百，領以千戶，緩急可恃，故比荔波易。余業已擇於榕縣水口立懷遠城，將江中所過板稅之，歲得百金，可備公費，委之懷遠尉鄭良慤，行之有緒矣。而轉滇中，故未竟事而行，後聞龔憲副一清終其事。

猺僮之俗，祖宗有仇，子孫至九世猶興殺伐，但以强弱爲起滅，謂之「打寃」。欲怒甲而不正害甲也，乃移禍於乙，而令乙來害甲，謂之「著事」。白晝掠人於道，執而囚之，必索重賂而贖乃歸，謂之「墮禁」。兩村相殺，命斃不償，斃者以頭計，每頭賠百兩或幾十兩，以積數之多寡爲貴。實無兩也，而以件代之，如豕一爲一兩，而一雞一布亦爲一兩也。撫安僮老爲其和畢，則截刀爲誓，始不報寃，謂之「賠頭」。諺云：「猺殺猺，不動朝；僮殺僮，不告狀。」

語云：「十年不剿則民無地，二十年不剿則地無民。」又云：「征蠻法，全剿不如殲魁，明捕不如暗執。」土官干戈，無日不尋，然止自相屠戮，渠各自有巢穴在，不敢出向中州，可以無慮。惟有傜、僮爲梗，然亦禽獸，無雄舉遠志，不過劫掠牲畜而已。自韓襄毅之征藤峽，王文成之設九司，嗣後大舉雖無，小醜間作。至世廟末，劫藩司，殺黎大參，極矣。邇乃征古田、征府江、征懷、征八寨，召商伐木，江河道路始通。前者各傜僮往來江邊，鉤船截路，殺人越貨。即郵筒，非集兵不行。惟古田一舉，大快積憤。蓋諸傜據險，初不虞官兵之遂入也。傜僮之性，幸其好戀險阻，傍山而居，倚沖而種。長江大路，棄而與人，故民夷得分土而居。若其稍樂平曠，則廣右無民久矣。

蠱毒，廣右草有斷腸，物有蛇、蜘蛛、蜥蜴、蜣蜋，食而中之，絞痛吐逆，面目青黄，十指俱黑。又有挑生蠱，食魚則腹生活魚，食雞則腹生活雞。驗蠱法：吐於水，沉不浮，與嚼豆不腥，含礬不苦，皆是。治蠱：飲白牛水血立效。王氏《博濟方》「歸魂散」、《必用方》「雄珠丸」皆可。以上廣西。

余善水刻漏。李月山謂滇中夏日不甚長[七]，余以漏準之，果短二刻。今以月食驗之，良然。萬曆二十年五月十六望，月食，據欽天監，行在乙亥夜，月食八分一十九秒，月未入見食七分一十七秒，月已入不見食一分二秒。初虧在寅一刻五更三點，正東。食甚在卯初刻，在晝。復圓卯正三刻，正西。食甚，月離黄道箕宿七度八十八分二十七秒。據此，稱月食不見一分乃卯初，余在雲南救護月生光一半以上，不及三分尚見。豈地高耶？抑算者入晝總以不見稱耶？又已食八分，天止將明；未及晝也，則信似日稍短耳。

兩山夾丘壠行，俗謂之川。滇中長川有至百十餘里者，純是行龍，不甚盤結。過平夷以西，天地開朗，不行暗𪑳中，至漾濞以西，又覺險峻崚嶒，然雖險，猶不闇也。行東西大路上，不熱不寒，四時有花，俱是春秋景象。及岐路走南北土府州縣，風光日色，寒熱又與內地差殊。土官多瘴。余入景東，過一地長五里，他草不生，遍地皆斷腸草，輿人馳過如飛。似此之地，安得不成瘴也？斷腸草之葉爲火把花，榦爲酒弔藤，根名斷腸草。滇人無大小，裙袖中咸齎些須，以備不測之用，其俗之輕生如此。

採礦事惟滇爲善。滇中礦硐，自國初開採至今，以代賦稅之缺，未嘗輟也。滇中凡土皆生礦苗。其未成硐者，細民自挖掘之，一日僅足衣食一日之用，於法無禁。其成硐者，某處出礦苗，其硐頭領之，陳之官而準焉，則視硐大小，召義夫若干人。義夫者，即採礦之人，惟硐頭約束者也。擇某日入採，其先未成硐，則一切工作公私用度之費，皆硐頭任之，硐大或用至千百金者。及硐已成，礦可煎驗矣，有司驗之。每日義夫若干人入硐，至暮盡出。硐中礦爲堆，畫其中爲四聚瓜分之：一聚爲官課，則監官領煎之，以解藩司者也；一聚爲公費，則一切公私經費，硐頭領之以入簿支銷者也；一聚爲硐頭自得之；一聚爲義夫平分之。其煎也，皆任其積聚而自爲焉。硐口列爐若干具，爐戶則每爐輸五六金於官，以給劄而領煅之。商賈則酤者、屠者、漁者、採者，任其環居礦外，不知礦之可盜，不知硐之當防，亦不知何者名爲礦徒。是他省之礦，所謂「走兔在野，人競逐之」；滇中之礦，所謂「積兔在市，過者不顧」也。採礦若此，以補民間無名之需、荒政之備，未嘗不善。

金沙江源吐蕃，過麗江、北勝、武定、烏撒、東川入馬瑚江，出三峽。滇池水過安寧入武定合之。雲南舊有議開此江以通舟楫，使滇貨出川以下楚、吳者。余初喜聞其議，會黃直指復齋鋭意開之，已遣人入閩取舟工柁師而黃卒。余同年郭少參朝石欲必終其事。余多方偵之，繪爲圖，乃知此江下武定境皆巨石塞江，奔流飛駛，石大者縱橫數丈，小者丈餘。間有平流可施舟楫處，僅一二里，絶流橫渡者也。若順流而下，兩岸皆削壁，水若懸注，巨礁巉巖承其下，自非六丁神將，安能鑿此？過萬人嵌，深潭百丈，杉板所陷，舟無不碎溺者。又皆夷人所居，旁無村落，即使江可開，舟亦難泊，適爲夷人劫盜之資也。天下有譚之若美而實不然者，類如此。滇有兩金沙江，東江出東海，即此；西江下緬甸，過八百媳婦入南海。東江狹而險，西江平而闊，隔岸視牛馬如羊然。皆源自吐蕃，中隔瀾滄與怒江二江，地尚千里。而當時條陳開江有作一江論者，謂恐通緬人，最可笑。

滇雲地曠人稀，非江右商賈僑居之則不成其地，然爲土人之累亦非鮮也。余讞囚，閲一牘，甲老而流落，乙同鄉壯年，憐而收之與同行賈[八]，甲喜得所。一日，乙偵土人丙富，欲賺之，與甲以雜貨入其家，婦女爭售之。乙故爭端，與丙競相推毆，歸則致甲死而送其家，嚇以二百金則焚之以滅跡，不則訟之官。土僰人性畏官，傾家得百五十金遺之。是夜報將焚矣，一親知稍慧，爲擊鼓而訟之，得大辟。視其籍，撫人也。及偵之，其事同，其騙同，其籍貫同，但發與未發，結與未結，或無幸而死，或幸而脫，亡慮數十家。蓋客人訟土人如百足蟲，不勝不休。故借貸求息者，常子大於母，不則亦本息等，無錙銖敢逋也。獨余官瀾滄兩年，稔知其弊，於撫州客狀，一詞不理。

省會吉壤莫過於五雲山下。當黔國封賞時，聖祖命以自擇城中善地造府第，畫圖進呈。黔國乃擇此地，拓架大厦數層。比進呈，聖祖覽圖，以朱筆横作一畫於某層院中，云：前面作雲南布政司。以故黔國宅至今無大門，惟作曲街，開東向出，其圖至今藏於沐氏。

樂土以居，佳山川以游，二者嘗不能兼，惟大理得之。大理，點蒼山西峙，高千丈，抱百二十里，如弛弓，危岫入雲，段氏表以爲中嶽。山有一十九峰，峰峰積雪，至五月不消。而山麓茶花與桃李爛熳而開。東滙洱河於山下，亦名葉榆，絕流千里[九]，沿山麓而長，中有三島、四洲、九曲之勝。春風掛帆，西視點蒼如蓬萊、閬苑。雪與花爭妍，山與水競奇，天下山川之佳，莫逾是者。且點蒼十九峰中，一峰一溪，飛流下洱河。而河崖之上，山麓之下，一郡居民咸聚焉。四水入城中，十五水流村落，大理民無一壠半畝無過水者。古未荒旱，人不識桔槔。又四五月間，一畝之隔，即倏雨倏晴，雨以插禾，晴以刈麥，名「甸溪晴雨」。其入城者，人家門扃院落，捍之即爲塘，甃之即爲井。謂之樂土，誰曰不然？余游行海內遍矣，惟醉心於是，欲作菟裘，棄人間而居之，乃世網所攖，思之令人氣塞。

迤西土官，惟麗江最黠。其地山川險阻，五穀不產，惟產金銀。其金生於土，每雨過則令所在犁之，輸之官，天然成粒，民間匿銖兩者，死。然千金之家，亦有餓死者。郡在玉龍山下，去鶴慶止五十里而遥，然其通中國祇一路，彼夷人自任往來，華人則叩關而不許入。一人入，即有一關吏隨之，隨則必拉以見其守，見則生死所不可知矣。故中國無人敢入者。且均一郡守職也，而永寧、蒙化等守，咸君事之。元旦、生辰，即地隔流府者，不敢不走謁。其謁也，抹額叩頭，爲其扶輿而入，命之冠帶，則冠帶而拜跪；命之歸，則辭；不命，咸不敢自言。其自尊不啻皇家，坐堂則樂作，而樂人與伺班官吏隸卒咸跪而執役，不命之起則終日不起，以爲常。其父子不相見，見則茶酒咸先嘗之。祖父以來，皆十年以外則相弑。而其毒藥又甚惡，勘其事者，如大理、鶴慶二太守，咸毒殺之。鶴慶縉紳亦往往中其毒[一〇]。鶴慶人亡論貴賤大小，咸麗江腹心，金多故也。余備兵瀾滄，正渠助千金餉於朝廷，欲請勅加大參銜。奏下部行，院道相視莫敢發。余乃奮筆駁罷之，遂毁勅書。樓世舉案：樓字不解，當作余字爲是。後陪巡鶴慶，最爲戒心，乃得生還，倖也。他如沅江、慶南，亦不逞，然無甚於麗江者。

丁茞、白改盗山箐在臨安、南安、新化之間，乃百年逋寇，辛卯夏，因緬報調兵，後緬退而兵無所用，吳中丞遂檄鄧參戎子龍移師襲之。夷盗止長於弓弩，不知火器。鄧擊以大砲，聲震山谷，盗駭，謂後山崩，巢穴當毁，乃四散走，遂悉蕩平之。人謂吳好用兵邀功，然此舉良爲得策。

永昌即金齒衛。金齒者，土夷漆其齒也。諸葛孔明征孟獲，破藤甲軍，今其夷人漆藤纏身，尚有藤甲之遺。余聞之同年保山令楊君文舉也，其初祇南征一軍處於此地，謂之諸葛遺民，今則生齒極繁。然其地乃天地窮盡處，而其人反紅顏白皙，得山川清麗之氣，而言語服食悉與陪京同。其匠作工巧，中土所無有，皆樂土也[一一]。自有緬莽之亂，調兵轉餉，閭閻始憊。

琥珀、寶石舊出猛廣井中，今寶井爲緬所得，滇人採取爲難，而入滇者必欲得之，大爲永昌之累。余在滇中，聞其前兩直指皆取琥珀爲茶盞，動輒數十，永民疲於應命，可恨也。

各鹽井惟五井多盜。其盜最黠而橫，其穴前臨井，後倚深林大箐，巨阪遥岑，過此則爲吐蕃之地，故緩之則劫人，急之則走番，追兵見箐不敢深入，最爲害也。路内即箐賊，嘗坐箐中射過客而顛越其貨，又其射皆毒弩，技最精。夷賊習射者，於黑夜每三十步插香一枝，九十步插三香，黑地指火影射之，一矢而三香俱倒，方爲上技。余已約鄧參戎子龍，欲從永昌捷徑抄番人後襲之[一二]，以瀕行[一三]，不果。

莽酋王南海，去永昌尚萬里，行閱兩月，與東北走京師同。但半月而至金沙江，則緬與中國之界也。其初莽瑞體者[一四]，亦緬甸六宣慰之一，世宗朝爲猛廣所殺僇，隻騎不留，乃求救於中朝，廷議不之許，其人遂發憤，孤身走洞吳，起兵不數年，遂盡有南海之地，掃平諸夷，復仇猛廣，固亦蠻貊一英雄也。今莽應龍即其子爾[一五]。諸葛孔明南征至江頭城，與今莽都海岸僅隔十日之程，若王靖遠所到則與此尚遠。爲其地遠，莽人亦不能深入，惟是岳鳳句之曾一至姚關，餘則皆莽酋分布之。部曲近金沙江者，過江盜殺諸土寨而劫掠之耳，勢不得不出兵應之。而滇中兵每出則於蠻哈，其地在蠻哈山下，江之北岸，最毒熱多蠅，人右手以匕食，則左手亂揮蠅，稍緩，則隨飯入喉中。即土人遇熱甚，亦翦髮藏入水避之。而緬之犯又每於夏熱之時，内地兵一萬至其地者，常熱死其半，故調二兵，得調者先與七八金安其家，謂之「買金錢」[一六]，盤費、芻菽不與焉。故調兵一千，其邑費銀一萬，而此土兵不甚諳於戰陣，不調則流兵少，不足以當。數年間内地民緣此以糜爛窮極，是調兵之難，一難也。永昌至蠻哈半月，省城左右至永昌又半月，山阪險峻，運米一石費腳價八金，僅一兵三月糧耳，滇兵之調，每以數萬計，是轉餉之難，二難也。坐是，藩臬以至士民無不畏用兵，而大中丞與永兵備則云：「今日失一寨，十年後亦追謂某撫某道手失也，而兵不得不用，彼無職掌者可高議不用兵也。」如是，則亦不得而盡外之[一七]，但須以不用之心，行不得已之事，蓋永以外將帥偏裨，無不樂用兵以漁獵其間者。故緬至，每每作虛報。如辛卯夏，余聞緬二千人渡江，而參戎報二十萬也。永以内總戎大將又喜，一出兵，則渠隨路朘削人以張皇其事。是在大中丞主持之，弗爲虛報所惑而遽調兵，以鎮定行之，則内地之福也。即今屯田三宣，餉得策矣，而兵之調，歲歲騷動，終非久長之畫。以余之意，必起自金沙江，將三宣夷寨盡遷內地，四方空千里不留一人，則彼既不得因糧於敵，若轉餉而至，其受累與我同，緬夷盜劫之輩庶其阻江而止乎。大寧神京擁護，哈密屢世屬夷，本朝業已棄之，無非權其利害之重輕，於雲南萬里外千里荒服之地何有。不然，滇人終無息肩之期矣。

緬人於壬辰歲以貢物入，余時在瀾滄，犒之牙象一，母象一。番布古喇錦、金段諸布帛皆與中國異，一金甌嵌碎寶極工。蓋先是張憲使文耀遣黎邦桂入緬探事，黎說之而來。據邦桂對余云：「莽酋應龍在五層高樓上，柱皆金髹，呼邦桂與席地坐，謂渠未嘗侵中國，乃其部下爲盜也。渠亦是漢地，乃諸葛孔明所到，有碑立江頭城。一金塔高數十丈，照耀天日，衆酋所依歸。其人祇片布裹身，無上衣下裳。酋持齋念佛，不用兵。用時，例以大緬莽一擊，聲聞數十里，如中國之烽燧者，則千里外夷兵皆自裹糧而來，不若中國轉餉之難也。緬莽者，即以爲大銅鼓之號。」邦桂之言雖真僞不可知，然其物已千金之外，非虛也。當事者必駁之，謂邦桂私物，誤矣。如此等事，使爲之處置得宜，令其鈐束部曲，受其封貢，西南可以遺數歲之安。既不能以大膽肩之，畢竟此物亦爲之含糊泯滅，夷酋安得不忿然以逞，及其羽書一至，然後周章兵餉，徒疲內地之民，是當事者之謀國不良而自取破敗也。

廣南守爲儂智高之後，其地多毒善瘴，流官不敢入，亦不得入。其部下土民有幻術，能變猫狗毒騙人[一八]，往往爰書中見之，然止以小事惑人，若用之大敵偷營劫寨，未能也。有自變，亦有能變他人者。此幻術迤西夷方最多，李月山備兵於滇，親見之，載在《叢談》及某

《篷窗日録》最長，撮附於左：

雲南十四府、八軍民府、五州，惟雲南、臨安、大理、鶴慶、楚雄五府嵌居中腹地，頗饒沃，餘俱瘠壤警區。大抵雲南一省，夷居十之六七，百蠻雜處，土酋割據。但黔、寧遺法，沐氏世守，比廣西、貴州土官不同，差有定志。而西有瀾滄衛，聯屬永寧、麗江以控土番，南有金齒、騰衝以持諸甸，東有沅江[一九]、臨安以扼交趾，北有曲靖以臨烏蠻，各先得其所處。惟尋甸、武定防戍稍疏，木邦、孟密性習叵測，元江、景東土酋稱桀，老撾、車里姻好，安南、阿迷、羅台瘴癘微梗，廣南富州，界臨右江，所當加意。

沅江、麗江、蒙化、景東等府，師宗、彌勒、新化、寶山、巨津、和曲、禄勸、蘭順等州，元謀等縣，役無定紀，故科無定數。惟大理、太和十年一役，鄧川、賓州[二〇]、騰越、北勝、趙姚、浪穹、永平五年一役，雲南縣三年一役，餘州縣一年一役。

貿易用貝，俗謂貝以一爲莊，四莊爲手，四手爲苗，五苗爲索，蓋八十貝也。

全省四路：一自貴州烏撒衛入曲靖，霑益州爲通衢，烏撒衛實居四川烏撒府之地；又一自貴州普安入曲靖；又一自廣南府，路出廣西、安隆、上林、泗城，今黔國禁不由；又一自武定，路從金沙江出四川建昌衛，今亦莽塞。

六詔乃西南彝雲南全省之地。彝語謂王爲詔，其都在大理、麗江、蒙化三府及四川行都司建昌等衛，而居大理尤久。六詔俱姓蒙氏，凡名，嗣代各頂父名下一字。蒙舍詔在蒙化府，浪穹詔在浪穹縣，鄧賧詔在鄧川府，施浪詔在浪渠縣，麽些詔在麗江府，蒙雋詔在建昌衛。六詔惟蒙舍居南，蒙舍至皮羅閣始强盛，滅五詔，盡有其地，遂總名南詔，遷居太和城。子閣羅鳳用段儉魏爲相，獲唐西瀘令鄭回而尊之。至其孫異牟尋創立法制，修議禮樂，設三公、九爽、三託諸府之官，以分其任，回復勸尋歸唐，是開南詔聲名文物者，段、鄭之力居多。蒙氏歷年二百五十，而鄭氏、趙氏、楊氏迭興皆不久。至石晉天福間，段氏始立。元世祖得南詔，降段爲總管，迄我朝尚爲鎮撫不絶。

諸省惟雲南諸夷雜處之地，布列各府，其爲中華人，惟各衛所戍夫耳。百夷種曰僰人、爨人，各有二種，即黑羅羅、白羅羅。麽些、秃老、些門、蒲人、和泥蠻、土獠、羅武、羅落、撒摩、都摩、察儂人、沙人、山後人、哀牢人、哦昌蠻、懈蠻、魁羅蠻、傅尋蠻、色目、瀰河[一二]、尋丁蠻、栗些，大率所轄惟僰、羅二種爲多。僰人與漢人雜居，充役公府。羅羅性疑，深居山寨，人得給而害之。廣南順寧諸府俗好食蟲，諸處好食土蜂。南徼緬甸、木邦、老撾、車里、八百、千崖、隴川、孟艮、孟定，俱女服外事。

雲南風氣與中國異，至其地者乃知其然。夏不甚暑，冬不甚寒；夏日不甚長，冬日不甚短，夜亦如之。此理殆不可曉。竊意其地去崑崙伊邇，地勢極高，高則寒，以近南故，寒燠半之。以極高，故日出日没常受光先，而入夜遲也。鎮日皆西南風，由昆明至永昌地漸高，由通海至臨安地漸下，由臨安至五邦、寧遠地益下，下故熱。五邦以南，民咸翦髮以避暑瘴。

寧遠舊屬臨安府，黎利叛，陷入安南，分爲七州。林次崖謂欽州四洞原内屬，不知寧遠大於四洞多矣。地多海子，蓋天造地設，以潤極高之地。亘古不淤不堙，猶人之首上脈絡也。水多伏流，或落坎，輒數十百丈飛瀑，流沫數十里。月山。

雲南一省以六月二十四日爲正火把節，云是日南詔誘殺五詔於松明樓，故以是日爲節。或云孟獲爲武侯擒縱而歸，是日至滇，因舉火祓除。或又云是梁王擒殺段功之日，命其屬舉火以禳之也。二十後，各家俱燃巨燎於庭，人持一小炬，老幼皆然，互相焚燎爲戲，燼鬚髮不顧。貧富咸群飲於市，舉火相撲達旦，遇水則持火躍之。黑鹽井則合各村分爲二隊，火下鬬武，多所殺傷，自普安以達於雲南，一境皆然，至二十五乃止。月山。

麓川俗，其下稱宣慰曰昭，其官屬則有昭孟、昭録、昭綱之類，乘則以象。雖貴爲昭孟，領十餘萬人，賞罰任意，見宣慰莫敢仰視，問答則膝行，三步一拜，退亦如之。賤事貴，少事長皆然。小事則刻木爲契，大事則書緬字爲檄，無文案。男貴女賤，雖小民，視其妻如奴僕，耕織、貿易、差徭之類皆繫之，雖老，非疾病不得少息。生子三日後，以子授其夫，耕織自若。男子皆髡首黥足。人死，則飲酒作樂，歌舞達旦，謂之「娛死」。其小百彝、阿昌、蒲、縹、哈喇，諸風俗與百彝大同小異。月山。

南甸宣撫司有婦人能化爲異物，富室婦人則化牛、馬，貧者則化猫、狗。至夜，伺夫熟睡，則以一短木置夫懷中，夫即覺，仍與同寢；不覺，則婦隨化去攝人魂魄，至死，食其尸肉。

人死，則群聚守之，至葬乃已；不爾，則爲所食。鄰郡民有經商或公事過其境者，晚不敢睡，群相警戒，或覺物至則群逐之。若得之，其夫家急以金往贖；若登時殺死，則不能化其本形。孟密所屬有地羊，當官道往來之地，其人黄睛黧面，狀類鬼，翦舊銅器聯絡之自膝纏至足面，以爲飾。有妖術，能易人心肝腎腸及手足，而人不知，於牛馬亦然。過者曲意接之，賞以鍼綫果食之類；不則，離寨而死，剖腹皆木石。車里、老撾，風俗大抵相同。過景東界，度險數日，皆平地，貴賤皆樓居，其下則六畜。俗多婦人，下戶三四妻不妒忌，頭目而上，或百十人供作。夫死，則謂之「鬼妻」，皆棄不娶。省城有至其地經商者，贅之，謂之「上樓」，上樓則翦髮不得歸矣，其家亦痛哭爲死别也。凡食牲，不殺，呪而死，然後烹。楚雄迤南□彝名真羅武，人死則裹以麞、鹿、犀、兕、虎、豹之皮，抬之深山棄之，久之隨所裹之皮化爲其獸而去。又蒲人、縹人、哈喇，其色俱正黑如墨，有被殺者，其骨亦黑，蓋烏骨雞類。以上雲南。

貴州古羅施鬼國。自蜀漢彝酋有火濟者，從諸葛武侯征孟獲有功，封羅甸國王，歷唐、宋皆不失爵土，洪武初，元宣慰使靄翠與其同知宋欽歸附，高皇帝仍官之爲貴州宣慰使司，隸四川；其思州宣慰使爲田仁智，思南宣慰使爲田茂安，暨鎮遠等府隸湖廣；普安、鎮寧等州隸雲南。靄翠死，妻奢香代立；宋欽死，妻劉氏代立。劉氏多智術，時馬燁以都督鎮守其地，欲盡滅諸羅酋，代以流官，乃以事裸撻奢香，欲激怒諸羅彝爲兵端，諸彝果怒欲反，劉氏止之，爲走愬京師。上令招奢香至，問曰：「汝誠苦馬都督，我爲汝除之，何以報我？」奢香曰：「世戢羅彝不敢爲亂。」上曰：「此汝常職，何云報也？」奢香曰：「貴州東北有間道可通四川，願刊山通道，給驛使往來。」上許之，謂高后曰：「吾知馬督無他腸，然何惜一人以安一方。」乃召馬，斬之，遣奢香歸。諸彝大感，爲除赤水、烏撒道，立龍場九驛達蜀。今安氏即靄翠後。

貴州設山上，中高而外低，如關索，乃貴鎮山，四水傾流，內無停蓄。北二水一出涪江，一出瀘江；東一水出沅江；南二水一出左江，一出右江。有水源而無水口，故是行龍之地，非結作之場也。

貴州多洞壑，水皆穿山而過，則山之空洞可知。如清平十里雲溪洞，水從平越會百里來，又從地道潛復流雲洞盡處，水聲湯湯如溪流，洞右偏土人又累石爲堤，引支水出洞南，灌田甚廣。新添母珠洞發衛六七里，陟降高崖，即見流水入山椒穿洞過，出水處亦一洞，乃名母珠，嘗有樵者至洞中，數石子隨一大石，似子逐母，夜有珠光，故名也。最奇者普安碧雲洞，爲一州之壑，州之水無涓滴不趨洞中者，乃洞底有地道，隔山而出。洞中有「仙人田」，高下可數十畦，石塍迴曲界限，儼如人間，豈神仙所嘗種玉禾者耶？其無水而曠如者，偏橋飛雲洞。由月潭寺左拾級而登，仰視層巖如蜂房燕窠。級窮，上小平臺，石欄圍繞，臺後巖嵌入巉絕，巖上如居人，重簷覆出，而石乳懸竇，怪詭萬狀，洞前立二石，突兀更奇。他如鎮遠凌圓洞、清平天然洞、安莊雙明洞與平壩喜客泉、安莊白水，或道左而未過，或輿過之而未窮其勝，不能一一紀之。

出沅州而西，晃州即貴竹地。顧清浪、鎮遠、偏橋諸衛，舊轄湖省，故犬牙制之。其地止借一綫之路入滇，兩岸皆苗。晃州至平夷十八站，每站雖云五六十里，實百里而遥。士夫商旅縱有急，止可一日一站，破站則無宿地矣。其站皆以軍夫。辰州以西，轎無大小，官無貴賤，輿者皆以八人，其地步步行山中。又多蛇，霧雨十二時，天地闇智，間三五日中一晴霽耳。然方晴倏雨，又不可期，故土人每出必披氈衫，背篛笠，手執竹枝。竹以驅蛇，笠以備雨也。諺云：「天無三日晴，地無三日平[二二]」。其開設初祇有衛所，後雖漸漸改流，置立郡邑，皆建於衛所之中。衛所爲主，郡邑爲客，縉紳拜表祝聖，皆在衛所。衛所治軍，郡邑治民，軍即尺籍來役戍者也[二三]。故衛所所治皆中國人，民即苗也。土無他民，止苗彝，然非一種，亦各異俗，曰宋家、曰蔡家、曰仲家、曰龍家、曰曾行龍家、曰羅羅、曰打牙仡佬、曰紅仡佬、曰花仡佬、曰東苗、曰西苗、曰紫薑苗，總之槃瓠子孫。椎髻短衣，不冠不履，刀耕火種，樵獵爲生，殺鬭爲業。郡邑中但徵賦稅，不訟鬭爭。所治之民即此而已矣。

本朝句取軍伍總屬虚文，不問新舊，徒爲民累。惟貴竹衛所之軍與四川、雲南皆役之爲驛站輿夫，糧不虚糜，而歲省驛傳，動以萬計，反得其用。

彝人法嚴，遇爲盜者，綳其手足於高桅之上，亂箭射而殺之。彝俗射極巧，未射其心膂，不能頃刻死也，彝性不畏亟死，惟畏緩死，故不敢犯盗。貴州南路行，於緑林之輩防禦最難。惟西路行者，奢香八驛，夫馬廚傳皆其自備，巡邏干掫皆其自轄，雖夜行不慮盗也。彝俗固亦有美處。

貴州土産則水銀、辰砂、雄黄。人工所成，則緝皮爲器，飾以丹朱，大者箱櫃，小者筐匣，足令蘇、杭却步。雄黄一顆重十餘兩者佩之宜男，土官中有爲盤爲屏以鎮宅舍者。砂生有底，如白玉臺，名砂牀。「箭頭」爲上，「牆壁」次之。雖曰辰砂，實生貴竹。

關索嶺，貴州極高峻之山，上設重關，掛索以引行人，故名關索。俗人訛以爲神名，祀之。旁有查城驛，名頂站，深山邃箐，盗賊之輩實繁有徒，縉紳商賈過者，往往於此失事，尚以一衛尉統邏卒護之。

安宣慰，唐時人家。渠謂「歷代以來皆止羈縻，即拒命，難以中國臣子叛逆共論」，故時作不靖，弗安禮法。其先宣慰不逞，陽明居龍場時，向貽書責之。其彼安國亨格詔旨，朝廷遣使就訊之，令其囚服對簿，赦弗征，而國亨後亦竟桀驁如故，院司弗能堪。今安疆臣襲，又復悖戾，不遵朝廷三尺，如貴竹長官司改縣已多年，而疆臣猶欲取回爲土司，天下豈有復改流爲土者？故江長信疏欲剿之，未知廷議究竟何似[二四]。

養龍坑長官司有坑在兩山之間，停蓄淵深，似有蛟龍在其下。當春時，騰駒游牝，彝人插柳於坑畔，取牝馬繫之，已而雲霧晦暝，類有物蜿蜒與馬接者，其生必龍駒。

鎮遠，滇貨所出，水陸之會。滇産如銅、錫，斤止值錢三十文，外省乃二三倍其值者。由滇雲至鎮遠共二十餘站，皆肩挑與馬贏之負也。鎮遠則從舟下沅江，其至武陵又二十站。中間沅州以上、辰州以下與陸路相出入。惟自沅至辰，陸止二站，水乃經□盈口、竹站、黔陽、洪江、安江、同灣、江口，共七站，故士大夫舟行者多自辰溪起。若商賈貨重，又不能捨舟，而溪灘亂石險阻，常畏觸壞。起鎮遠至武陵，下水半月，上水非一月不至。

思、石之間，水則烏江。發源播之南境，下合涪江，陸與水相出入，此川、貴商賈貿易之咽喉也。即古牂牁、夜郎地，思南府西有古牂牁郡城，漢末所築者。古牂牁郡領扶歡、夜郎等縣。或云夜郎在珍州，珍屬播，與今思明接界[二五]。

播州東通思南，西接瀘，北走綦江，南距貴竹。萬山一水，抱繞縈迴，天生巢穴，七日而達内地。然其地坐貴竹而官繫川中，故楊酋應龍伺川中上司則恭，見貴竹則倨。川議賞，貴議剿，非一日矣。及王中丞繼光倉卒舉事，挫辱官兵，於是天討難留，而又加以七姓五司素被傷殘，赴闕請剿，然後酋畏懼天兵之至[二六]，情願囚首抹腰聽剿處分。蓋彼酋因子死巴獄，而又防七姓之侵陵，故死不敢入重慶，而不憚囚服了事者，其情也，何敢輒萌他變？而此中又曾拒王師，故心疑之而不敢前。余弟圭叔守重慶，覘知顛末，單車入往諭之，彼遂出松坎來迎。松坎者，此入三日而彼出五日程也。其後乃於安穩搭蓋衙門，聽司道贊畫入勘贖鍰而罷。是行也，實賢於數萬師矣。以上貴州。

【校勘記】

〔一〕馬瑚江：《明史·地理志》作「馬湖江」。
〔二〕爲：楊刻本作「於」。
〔三〕宥：楊刻本作「祐」。
〔四〕川：楊刻本作「州」。
〔五〕隨意：楊刻本作「如意」。
〔六〕對面：楊刻本無「面」字。
〔七〕月：楊刻本作「日」，誤，下有多處「月山」可證。
〔八〕賈：楊刻本作「貨」。
〔九〕千：楊刻本作「十」。
〔一〇〕《肇域志》此句下有：「一侍御則毒而死，一中丞爲令時毒而幸不死。」
〔一一〕皆：楊刻本作「良」。
〔一二〕捷徑：楊刻本作「小捷徑」，「小」字疑衍。
〔一三〕行：《肇域志》作「江」。
〔一四〕瑞：楊刻本作「端」。
〔一五〕「猛廣」至「莽應龍」：《明史》記雲南土司三有「孟養」、「洞吾」、「莽應裏」。
〔一六〕金：楊刻本作「命」。

［一七］外：《肇域志》作「非」。
［一八］狗：楊刻本作「犬」。
［一九］沅江：《明史・地理志》作「元江」，下同。
［二〇］賓州：《明史・地理志》作「賓川」。
［二一］瀰：《肇域志》作「沙」。
［二二］日：楊刻本作「里」。疑「日」爲「尺」之音近形近而訛。「天無三日晴，地無三尺平」之諺在貴州流傳至今，「三尺」是夸張説法。「地無三里平」，南方所在皆是，实不辭。
［二三］尺：《肇域志》作「民」。
［二四］似：《肇域志》作「如」。
［二五］思明：《明史・地理志》作「思南」。
［二六］後：楊刻本作「彼」。

附王太初先生雜志

上卷

地脈

自昔以雍、冀、河、洛爲中國，楚、吳、越爲夷，今聲名文物，反以東南爲盛，大河南北不無少讓，何？客有云[一]：此天運循環，地脈移動，彼此乘除之理。余謂是則然矣，要知天地之所以乘除何以故？自昔堪輿家皆云天下山川起崑崙，分三龍入中國，然不言三龍盛衰之故。蓋龍神之行，以水爲斷。深山大谷[二]，豈足跡能遍[三]？惟問水則知山。崑崙據地之中，四傍山麓，各入大荒外。入中國者，一東南支也。其支又於塞外分三支：左支環虜庭陰山、賀蘭，入山西，起太行數千里，出爲毉巫閭，度遼海而止，爲北龍。中循西番入趨岷山，沿岷江左右[四]。出江右者，包叙州而止；江左者，北去趨關中。脈系大散關，左渭右漢，中出爲終南、太華。下秦山起崧高，右轉荆山抱淮水，左落平原千里，起泰山入海。爲中龍。右支出吐蕃之西，下麗江，趨雲南，遶霑益[五]、貴竹關嶺，而東去沅陵。分其一由武岡出湘江西至武陵止；又分其一由桂林海陽山過九嶷、衡山，出湘江，東趨匡廬止；又分其一過庾嶺、度草坪去黄山、天目，三吴止；過庾嶺者，又分仙霞關，至閩止。分衢爲大盤山，右下括蒼，左去爲天台、四明，度海止。總爲南龍。宋儒乃謂南龍與中龍同出岷山，沿江而分。蓋宋晝大渡河爲守，而棄滇雲，當時士夫游轍未至，故不知而臆度之也。今金沙江源出吐蕃，向犂牛河入滇下川江，則已先於塞外隔斷岷山矣。故南龍不起岷山也。古今王氣，中龍最先發，最盛而長，北龍次之，南龍向未發，自宋南渡始發。而久者宜其少間歇，其新發者其當坌涌何疑。何以見其然也？洪荒方闢，伏羲都陳，少昊都曲阜，顓頊都牧野，周自后稷以來起岐山豐、鎬，生周公、孔子，秦又都關中，漢又都之，唐又都之，宋又都汴，故曰中龍先而久。黄帝始起涿鹿，堯都平陽，舜都蒲坂，禹都安邑，其後盡發於塞外。玁狁、冒頓、突厥諸國之王[六]，最後遼、金至元而亦入主中國，故曰北龍次之。吴、越當太伯時，猶然被髮文身[七]，楚入春秋尚爲夷服，孫吴、司馬晉、六朝，稍稍王建康，僅偏安一隅，亦無百年之主。至宋高南渡，立國百餘年，我明太祖方纔混一[八]，故曰南龍王方始也。或謂雲貴、東西廣皆南龍，而獨盛於東南何？曰：雲貴、兩廣皆行龍之地。前不云乎，南龍五支：一止於武陵，荆南，一止於匡廬，一止於天目、三吴，一止於越，一止於閩，咸遇江河湖海而止不前，則必於其處涌躍潰出，而不肯遽收，宜今日東南之獨盛也。然東南他日盛而久，其勢未有不轉而雲貴、百粤。如樹花先開，必於木末，其髓盛而花不盡者[九]，又轉而老幹内，時溢而成萼，薇、桂等花皆然。山川氣寧與花木異？故中龍先陳、先曲阜，其後轉而關中；北龍先涿鹿、先晉陽，後亦轉而塞外。今南龍先吳、楚、閩、越，安得他日不轉而百粵、鬼方也？或謂齊魯亦中龍之委也，乃周、孔而後，聖人王者不生，意先輩秀顥所鍾多矣[一〇]？曰：固然，亦黄河流斷其地脈故也。河行周、秦、漢時，俱河間入海。河間者，禹九河之間也，故齊、魯爲中龍。自隋煬帝幸江都，引河入汴，河徑委淮，將齊、魯地脈流隔，尚得泰山塞護海東，王氣不絕，故列侯將相英賢不乏，而聖王不興，意以是乎。然則我本朝王氣何如[一一]？曰：俱非前代之比。前代龍氣王一支，至於我聖朝鳳、泗祖陵[一二]，既鍾靈於中龍之滙，留都王業又一統於南龍之委，今在長安宮闕陵寢又孕育於北龍之蹕，兼三大龍而有之，安得不萬斯年也。此余於《送徐山人序》中已及之，而未詳其說耳[一三]。

形勝 自古郡國分治割裂，茫乎無據，惟我本朝兩都各省會[一四]，天造地設，險要不易。兩都乃我二祖創建[一五]，神謨廟畫，制盡善弗論。如出都門以西則晉中，太行数千里亘其東，洪河抱其西，沙漠限其北，自然一省會也。又西則關中，河流與潼關界其東，劍閣、梁山阻其南，番虜臂其西北，左渭右漢，終南爲宗，亦自然一省會也。轉而南則蜀中，層巒疊嶂環以四周，沃野千里蹲其中服，岷江爲經，衆水緯之，咸從三峽一綫而出[一六]，亦自然一省會也。出峽而東則入楚，長江横絡，江南九水滙於洞庭，江北諸流導於漢水，然後入江；沅、桂、永、吉、袁、寧諸山包其前，荆山裹其北，亦自然一省會也。又東則江右，左黄山，右匡廬，二龍咸自南來，迤逶東、西、南三面環之，衆水皆出於本省，浸於彭蠡，一道以入於江，去水來山，長江負其後，亦自然一省會也。五嶺以外爲兩廣，廣右又自爲一局，三江咸交於蒼梧以東，又分梅嶺以東自爲一支，以包乎北，盡東海爲閩，皆大海前遶之，亦皆自然一省會也。西南萬里滇中，滇自爲一國，貴竹綫路，初本爲滇之門户，後乃開設爲省者，非得已也。牂牁、烏、柳諸水散流，湖北、川東轄制非一，蓋有由矣。獨中原片土莽蕩，數千里無山，不得不强畫野以經界之，故睢、陳以東，鳳、泗而北，兖、濟以南，人情土俗不甚差殊。然兩河河流中貫，淮、衛爲輔，太行在後，荆山在前，秦山西峙，崧高中起，亦自然一省會也。山東以泰岱爲宗，其於各省，雖無高山大川之界，然合齊、魯爲一，原自周公、太公之舊疆也，不入他郡邑矣。惟兩浙兼吴、越之分土，山川風物，迥乎不侔。浙西澤國無山，俗靡而巧，近蘇、常，以地原自吴也。浙東負山枕海[一七]，其俗朴，自甌越爲一區矣[一八]。兩都一統之業，自我本朝始。南都轉漕爲易，文物爲華，車書所同，似乎宗周。北都太行天塹，大海朝宗，扼夷虜之吭，據戎馬之地，似乎成周。

附龍江客問

昔在龍城，客有問余黔中、百粤風氣久不開者。余曰：「江南諸省會，雖咸多山，然遇作省會處，咸開大洋，駐立人烟，凝聚氣脈，各有澤藪停蓄諸水，不徑射流。即如川中，山纔離祖，水尚源頭，然猶開成都千里之沃野，水雖無豬，然全省群流，總歸三峽一綫，故爲西大省。獨貴竹、百粤山，牽群列隊向東而行，粤西水好而山無開洋，貴竹山劣而又無閉水，龍行不住，郡邑皆立於山椒水濆，止爲南龍過路之場，尚無駐蹕之地，故粵西數千年闇曶，雖與吳、越、閩、廣同入中國，不能同耀光明也。黔中概可知已。昔蒙恬被收，自嘆曰：『吾築長城，起臨洮負海，吾不無絕地脈哉。』宋徽宗時，有人於汴城中夜步月，偶鑑盆水，駭而歎曰：『天星不照，地脈已絕，此地不久當爲外虜矣[一九]。』此未可以堪輿言少之。」

風土　南北寒暑，以大河爲界，不甚相遠。獨西南隅異。如黔中則多陰多雨，滇中則乍雨乍日；粵中則乍暖乍寒，滇中則不寒不暖。黔中之陰雨，以地在萬山之中，山川出雲，故晴霽時少。語云「天無三日晴，地無三里平」也。粵中之乍暖乍寒，以土薄水淺，陽氣盡洩，故頃時晴雨疊更，裘葛兩用。兼之林木薈蔚，虺虵噓吸，烟霧縱横，中之者謂之瘴瘧宜也。獨滇中風氣，思之不得其故。夏不甚熱，冬不甚寒，日則單夾，夜則衾絮，四時一也。夏日不甚長，冬日亦不甚短，余以刻漏按之，與曆書與中州各差刻餘。又鎮日咸西南風，風別不起東北，冬春風刮地揚塵，與江北同。即二三百里內，地之寒熱，與穀種之先後懸絕星淵。地多海子，似天造地設，以潤極高之地，亘古不潰不堙，猶人之首上脈絡也。李月山謂其地去崑崙伊邇，勢極高而寒；以近南，故寒燠半之。以極高，故日出没常受光先，而入夜遲也。未知然否。河、汝在江北，而暑月之熱反過吳、越，蓋夏至日行天頂嵩高之上，正對河、汝，而吳、越稍偏也。長沙乃衡岳之麓，洞庭、鄂渚上流，而古稱卑濕，蓋其地咸黄土，黏膩不漏，故濕氣凝聚。謂卑而濕者，臆解耳。

附龍江客問

客有問余廣右俗，冷熱不以寒暑，而以晴雨。即土人亦不得其說，但知此中陽氣大洩，故多熱而已，而不知其所以然，請以土薄水淺之云而申繹之。余曰：「此無他，特以地氣有厚薄疏密之故也。廣右地脈疏理，疏則陽氣易於透露發洩，故自昔稱炎方。一至天晴日出，則地氣上蒸，如坐甑中，故雖隆冬亦無異於春夏之日。然其地居萬山中，山皆拔起，純是岩石，無寸土之附。石氣本寒，今走廣右諸洞，深入里餘，雖六月披裘，亦戰慄不自持，氣寒故也。一至天欲雨，則石山輸雲，嵐烟岫霧，踵趾相失。咸挾石氣而升，幽寒逼人，故雖盛暑，亦無異於隆冬之時。及夫雲收雨止，日出氣蒸，乍熱乍寒，無冬無暑，皆以是故。或謂南中同此土也。廣右居交、廣之内，暖氣反發洩過於彼土者何？蓋他處山少，而廣右純山。山少者地土相兼，脈理本密，兼以地皆種植，尺寸不遺，地氣上升，多宣洩於五穀。又糞壅澆溉，地面肥饒，故密而地氣不甚洩。廣右地氣盡拔爲石山，則餘土皆虛，業已無石而疏理，又滿眼荒蕪，百里無人烟，十里無稼穡，土面不肥[二〇]，穀氣不分，地氣無所發洩，安得不隨日上升而散，中於人之肌膚也。以是知寒暑之故，半出於天，半出於地。風光日色之寒暑，出於天者也；氣候之寒暑，出於地者也。地薄而理疏，則氣升而多暑；地厚而理密，則氣斂而多寒。非專爲方隅南北之故也。向讀《異域志》，見陰山沙漠之北萬餘里有其地四時皆春、草木不凋者，嘗疑其無有。極北愈寒，安得爲是說也？乃今意誠有之，正爲地各有厚薄疏密，其果不全繫於天，與南北方隅之故與？若謂寒暑盡出於天，則今高山峻嶺之上，漸近於天，漸遠於地，宜其多暑而無寒矣，何故山愈高而愈寒[一一]，豈非土石厚而地氣隔，故寒多。亦其一驗。

夷習　如南倭、北虜、西番類多一俗，惟西南諸夷，種類既繁，俗習各别。在廣右者，曰傜、曰僮、曰狑、曰侗、曰水、曰狫、曰狼。狑與侗同，水、狫稍寡。俗惟傜最陋，傜自謂槃瓠所生，男則長髻插梳，兩耳穿孔，富者貫以金銀大環，貧者以雞鵝毛雜綿絮繩貫之。衣僅齊腰，袖極短，年十八以上謂之裸漢，用猪糞燒灰洗其髮，尾令紅，垂於髻端，插雉尾以示勇。善吹盧笙，聲如鐘，大者二人抬，一人吹。田事畢，則十餘人爲群越村，偕其村之幼婦偶歌，謂之「博新雙」，三旬以上則否。女則用五彩繒帛裰於兩袖，前襟至腰，後幅垂至膝下，名狗尾衫，示不忘祖也。汲水負薪，男以肩，女以藤繩繫於首，垂於背以行。謂男首出槃瓠，大頭也；女肩出於高辛公主，金肩也。故以輕重别。亦造金銀首飾，如火筯横於髻，謂大荚釵[一二]。有裙無褲，裙最短露膝。婚姻必娶妹姊之女，謂之「還頭」。兄死，弟妻其嫂；弟死，兄亦如之。新娶入門不即合，其妻有數鄰女相隨，夫亦浼數男相隨，答歌通宵，至晚而散，返父母家。遇正月旦、三月三、八月半，出與人歌，私通及有娠，乃歸夫家，已後再不如作女子時歌唱也。葬不用浮屠，宰牲飲酒而已。居室不喜平地，惟利高山。男女終身不卧牀，亦不知製被，惟於室内造一火爐[一三]，四圍鋪板，中爲炊爨具，夏夜投蒿草以燎蚊，男婦長幼俱集其上[二四]，新客對臥亦不避嫌也。食以糯米炊飯，用木盤盛之，長幼相聚，浣手以摶，不用筯、碗。凡待客，以盤盛全牲，主人用大剪剪細，選美者數臠奉客，餘分嘗之。病不服藥，惟用雞卜，宰猪、羊、牛、馬救病，鳴土鼓祀神，酒用香茅和米造之，不愈則傾家焉。

僮俗男女服色尚青蠟點花斑，式頗華，但領、袖用五色絨綫繡花於上。居室無問貧富，俱喜架樓，名之曰欄，上人下畜，不嫌臭穢。娶婦回父母家，與傜同，惟耕作收穫，四時節令，方至夫家；至不與言語，不與同宿，寄宿於鄰家之婦女。一二年間，夫治欄成，與人私通有孕，方歸住欄。大都夷人首子，皆他人所生，故夷無無子者，其種類不絕以是也。葬亦如傜，不治衣衾。狑、侗俗頗同，水、㺢類稍寡。僮性稍馴，易制服，緣遥民爲城中人佃丁也[二五]。傜性最惡難馴。狼則土府州縣百姓皆狼民，衣冠、飲食、言語頗與華同。其在黔中者，自沅陵至普安二千里，總稱曰苗。此真槃瓠遺種，如蔡家、仲家，其尤者。俗輕生喜鬬，時調爲兵。額髻不巾，短衣裹足，言語侏㒧，然頗有妻子田畜，其在滇者則更夥。惟㸚人乃六詔遺種，世爲土著民，風俗與漢人不甚差殊。羅武形偉，駢脇睅目，然輕迅趫趫，可用戰鬬。又善牧牛羊，其婦人取牛羊乳作醍醐，爲餅饌貿於市中。羅羅形狀、氣味與羅武近，生來齷齪，不事梳洗，男婦赤脚，身穿短裙，緣山崖而廬，畜彘牧羝，惟恃蕎麥，燔山以種。白夷性嗜鼠，見則群聚逐之，或馳突掘地穴牆，必獲而後已。又善没，取魚爲戲；在景東者性好潔，四時沐浴。密人之族，又異於他種，狼心獸性，不可訓治，惟穴山燒炭，以易衣食[二六]，人亦以禽麋視之。黑夷形類羅羅，善弓弩，出入必佩之。以扯蘇爲業，婦刈男擔。散毛都形體服食稍似僰人，其婦女間有姿容，然跣足，妬而多曆。此族善耕牧，於諸夷中獨稱富贍。俄尼之種，大率類白夷。逐水草而居，水中昆蟲蝝蚳之屬，並取食之。㖢𡶈好獵，住深山，不畏寒冷。蒲蠻黑面毛頭，善能捕捉。又蒲人、縹人、哈剌，其色多黑如墨，有被殺者，其骨亦如之，蓋黑骨鷄類。此余所知者，其他種類尤多，枚舉不盡。

【校勘記】

[一] 有云：楊刻本作「曰」。

[二] 深山大谷：楊刻本上有「然」字。

[三] 足跡：楊刻本無「跡」字。

[四] 中：楊刻本作「中支」。岷江：楊刻本無「江」字。

[五] 霑益：楊刻本無此二字。

[六] 諸國：楊刻本作「夷狄」。

[七] 被：楊刻本作「披」。

[八] 明：楊刻本作空格。

[九] 髓：楊刻本作「體」。

[一〇] 顥：楊刻本作「潁」。
[一一] 我本朝：楊刻本作「我朝」。
[一二] 至於我聖朝：楊刻本作「惟我朝」。
[一三] 楊刻本無「耳」字。
[一四] 我本朝：楊刻本作「我朝」。
[一五] 我二祖：楊刻本無「我」字。
[一六] 咸：楊刻本作「或」。
[一七] 枕：楊刻本作「煮」。
[一八] 甌越：楊刻本無「越」字。
[一九] 外：楊刻本作「胡」。
[二〇] 面：楊刻本作「氣」。
[二一] 故：楊刻本作「其」。
[二二] 大：楊刻本作「火」。
[二三] 室內：楊刻本作「內室」。
[二四] 婦：楊刻本作「女」。
[二五] 遥：楊刻本作「近」。
[二六] 易：楊刻本作「爲」。

下卷

勝概 天下名山，太華險絶，峨眉神奇，武當偉麗，天台幽邃，雁宕、武夷工巧，桂林空洞，衡岳挺拔，終南曠蕩，太行逶迤，三峽峭削，金山孤絶。武林、西山，借土木之助；泰岱、匡廬，在伯仲之間。北岳不及崧高，五臺勝於王屋。雁宕無水，武夷可舟。望遠則峨眉，登高則太華。水則長江洶涌，黄河迅急；兩洞庭浩淼，巴江險峭，錢塘怒激，西湖嫵媚，嚴陵清俊，灕江巧幻。至於朝日如輪，晚霞若錦，長風巨浪，海舟萬斛，觀斯至矣，勝斯盡矣。余皆身試，思之躍然。

磯島 大江水中，石山突出；枕水爲磯，如燕子、三山、慈母，采石、黄鵠、城陵、赤壁俱佳。采石四周皆水，江流有聲，月夜有餘景。赤壁三面臨水，汪洋坱抱，洲渚淺處，芳草時立鷗鷺，晴日爲宜。燕子僅水遶一方，然巉崿奇峭，怪石欲飛，晴雨雪月，無所不可人意。

陵墓 三代前多鼠腊亂璞。惟陳州太昊陵，左右孕蓍策堪據，亦不聞别有羲陵也。它如女媧、軒轅諸陵，媧皇既葬濟寧，乃志媧陵逼閿鄉河側，天寶風雨中忽失之，乾元復涌出，而趙城亦有媧陵，松柏最茂。壽陵既在曲阜，史又云葬橋山。橋山，上郡也。然天下稱鼎湖，如仙都、閿鄉甚夥，亦咸云黄帝烏號之地。會稽禹陵窆石最神奇矣，或云葬衣冠，又云藏秘圖。楊用修又云蜀有禹穴。抑蜀穴生，越穴葬也？余於汴得倉頡墓，聞關中白水亦有之。太史公謂箕山有許由冢，余嘗拜其下，乃石槨，歲飢，諸惡少發之，輒合。意古有力者葬此，以神術自衛。由一瓢猶棄，其無石槨與不爲石槨可推。已聞平陸有由冢，亦稱箕山。斬脛河邊樹「殷太師比干之墓」，而又一見偃師，開元中耕者得銅盤，銘云：「右林左泉，後岡前道；萬世之藏，兹焉是寶。」惟周文、武、周公陵不失真，余過咸陽望見之，未謁。及展孔林三墓，廟廷檜楷，千載手澤如新，真皆造物護持也。其在春秋戰國者，秦穆公墓，今爲鳳翔東南城，余與劉元承履之，凄然有三良之感。虎丘以虎名丘，謂闔閭銅棺銀池，犀甲寶劍，上騰爲虎氣也。或者謂劍池下，又云塔下。劍池石霤千尺，流泉出焉，非人力可施，塔不知所自始，意或近之。秦始皇營驪山，巋然大阜，規九十餘畝。兩墓門猶存，其下錮黃泉，信哉。百里奚南陽人，墓其鄉，余過卧龍岡視之，傍有七星石，亦有「天禄」、「辟邪」二古篆。扁鵲墓湯陰，或云其土可療疾，道樹有碑。季札葬其子瀛、博之間，而自葬江陰，有孔子題銘，今亦失。要離冢在姑蘇，梁鴻欲葬其側，鴻去戰國不遠，當無謬。曹孟德疑冢七十二，起講武城，星布至磁止。陶九成舉元人詩：「會須盡伐七十二疑[二]，必有一冢藏操屍」云，此「詩家鈇鉞」也。余謂即七十二冢，操屍猶不在。操，古今奸雄，詩人不得説夢也。昭烈陵據萬里橋南，上有雙樹，登之可望城中。孔明葬定軍山，小説家謂劉文成曾破其機械入之，猶不得近内郭，誣矣。又余登北邙，見累累然，咸周、秦、漢王侯將相故冢，洛人竊古董者，掘發十之五。

今所稱鐃鈸冢[二]，爲漢明帝陵也，尚坍其東南隅，以多所覆壓，故不敢入。唐則於羅池謁柳子厚墓，或亦云虛冢，蓋子厚歸葬河東。亦又謁劉參軍蕡墓，蕡勸農墮馬卒於郊，柳人就其地葬之，當無能歸范陽也。宋則於武林孤山謁林和靖墓，林生時自營於放鶴亭之傍。又西爲岳武穆墓，墓前雙檜連理，大奇也。南宋以後，不可枚舉。若郭景純墓，則遍海内有之，不獨金山、太末，或亦神其説，如遇浮圖古刹，必稱魯班造云。余所見止此。

洞壑　道書所載洞天福地，在余台者十之一。如委羽爲大有空明洞天，赤城爲玉京清平洞天，括蒼爲成德隱真洞天，蓋竹爲長耀寶光洞天，福地則黄岩有石磕源，天台有靈墟、有天姥岑。今遺蹤淹没多不存，僅有其名爾。此真神仙靈秘，不以示人。至如塵境游玩所稱佳者，吾浙則金華三洞、縉雲暘谷洞，徐州白雲洞，蜀中香溪魚洞，貴竹飛雲洞，滇中臨安三洞，柳州立魚洞，端州七星洞，各負奇境，總之不若桂林、棲霞尤佳。若崆峒玄鶴、陽羡玉女，則余未至。河北無洞，然地産石薪。又晉中蓋藏，多在土中。皆人挖而成，或至數里者，亦彼此乘除之一，可笑也。

古木　於世不數數。其甚壽者良有鬼物呵護之，孔廟與五岳廟尤較著者。岳廟松柏咸輪囷偃蹇，扶疏蔽天日。其稱異者，則嵩陽三柏，漢武帝以將軍封之。大者圍五人，次三人。旁枝尚榮，正榦已禿，蒼皮溜雨，似無樹色。想三代時植，乃漢封非漢物也。三花樹咸檜，蔓以凌霄花，達磨未至時有之，六祖能又從鉢盂中賫南海柏一枝插之，今與三花爲四，在初祖庵前。廟中木則咸左旋其節，謂珪禪師勑岳神徙之者，其手跡故存。泰山二松，謂秦封「五大夫」，不甚巨而古，然非秦松。廟墀一松一柏[三]，形怪。前一檜紋左紐如畫。門左二柏，一菩蕾臃其下而鋭上，一出地起兩岐，咸秀色依依，云亦漢武帝東封植也。華山上「五將軍樹」，岳廟望見之，其一植崖下者，與崖上等，可百餘尺。廟有唐柏五，虬枝鐵榦，榮悴半[四]，其一柯内寄生槐已成抱。其異之尤異者，則密白松，長十丈十圍，丈許上起三岐，緑膚傅粉，鐵刺，遠望之，瓊樹也，云黄帝葬三女其下。孔子手植檜僅與簷齊，孑立無枝，外瘁中榮，紋成左紐。云數百年榮一枝，榮已輒落。大奇，大奇。次則桂林榕樹，根在地上丈許，根下宧處，穴爲城門往來，樹則毿麗譙中，敷蔭正茂，勝國時已稱爲榕樹門，而後久可知已。又次則白岳石楠，盤結掩映如車蓋，臨壑對天門而立，亦千年物。余天台怪松，翩蹮如鳳舞，首、尾、翼咸具，不甚高，一翼覆溪水，離尺不沾，與漲涸俱上下，唐陸龜蒙有銘。廬山寶樹，異僧自西域賫種之，亭亭如浮屠，鳥雀不栖。其一白日雙龍挾而拔之，余尚覩其卧路側也。一存大林寺溪頭，若峨眉山大木，如囷如屋，苔蘚茸茸满路衢，何止數千歲。它如真武榔梅、靈隱月中桂子、少林秦封槐、涪園荔枝、廣陵瓊花，問之咸不存。黠僧輩往往指贗者以誇，游人無辨者。子貢楷高數丈，蝕而未仆，召公祠甘棠，止朽株三尺餘；華廟唐玄宗繫馬柏亦如之。岱廟唐槐燬盡，止留北膚尺許雖榮，皆不久當淹没矣。

古蹟　最稱神奇者，禹陵窆石，孔廟檜，峨眉佛光，四明舍利，牟彌鎮魚腹浦八陳，少林面壁影石，豫章鐵柱，華山希夷齱。又滇中安寧温泉傍稱聖水三朝，與葉榆西烏弔山，亦皆異境。若龜山巫支祈，志謂唐李湯以五十牛引出之，今不知其在否？

碑刻　古者三代，止存峋嶁禹碑與周石鼓文耳。秦則李斯斷碑，漢蔡邕石經與孔廟中郎碑，陳思王碑「五鳳二年」七字，餘俱不可覓，即偶存者，亦晉、唐以後刻耳。

樓閣　自古有名者，仲宣樓在荆州城上，所見惟平楚，亦非其舊址也。太白樓在濟寧州城上，濟、汶、泗水横絡其前，帆檣千百過酒樓下，時有勝致。及登南昌滕王閣，章、貢大水西來注北，閣與水稱，傑然大觀。然不若武昌黄鶴樓，雖水與滕王來去不殊，而樓制工巧奇麗，立黄鵠磯上，且三面臨水，又西對晴川樓、漢陽城爲佳。總之又不若岳州岳陽樓，君山一髮，洞庭萬頃，水天一色，杳無際涯，非若滕王、黄鶴眼界可指，故其勝爲最；三樓皆西向，岳陽更雄。

書院　宋以嵩陽、石鼓、白鹿、岳麓爲四大書院。今嵩陽廢，岳麓蕪濕，石鼓爽塏，會二江之流，形勝佳。白鹿林木陰森，爽塏不如石鼓，而幽雅過之。

刹宇　南則報恩、靈谷、牛首、栖霞，北則香山、碧雲、天寧、功德。杭則靈隱、淨慈，汴則少林，濟則靈巖，滇則太華、三塔。廟則孔廟，東、西、南、北四岳廟，宫則淨樂、玉虚、紫霄、南巖、遇真、五龍六宫，俱不在祈年、望仙之下。

蠱毒　中州他省會所無，獨閩、廣、滇、貴有之。余行廣右見草有斷腸，物有蛇、蜘蛛、蜥蜴、蜣螂，食而中之，絞痛吐逆，十指俱黑。遠發十載，近發一時；吐水不沉，嚼豆不腥，含礬不苦，皆是物也。又有挑生蠱，食魚則腹變生魚，食雞則腹孕活雞。滇畜蠱最衆，不甚害人，其神多蛇、蟾、騾馬之狀，取死兒墳土灑牀下，置蠱神於上，其土或化爲錢貝。又觀李月山《叢談》云：廣南中夷人多能變爲猫犬。三宣外一種，婦人亦能之，夜攝人魂魄食其屍，驟爲人捕，則不能化其本形。孟密所屬地羊寨，亦有撲地鬼，能易人心肝腎腸及手足，而人不知，離寨而死。剖腹，多木石。余訊之迤西材官曾督兵至其地者，亦云然。然皆聞而未見。徐君羽又爲余言，昔在延安親閲一牘，中蠱者胃生土一塊，土内生稻，芒針刺心而死，名「稻田蠱」，然則北邊固亦有之。

仙佛　儒者强斥之，乃多有示現世間者。如雲臺身相，或云真武化生，每歲士女咸爲梳髮，漸落漸生。全州湘山佛，頎而髯，目光如點漆，或云無量壽佛化生，丙戌年始燬，或亦云其去時所授記也。近曇陽子示化，自云曇鸞轉生。余鄉比丘肉身，天台有懷榮，臨海有懷玉，咸數百年不壞。腐儒何得概斥之？第此四大，二氏以爲假設，咸焚棄之[五]，而此數輩獨存，想神力顯化，爲度人設。

功德　世世在人者，如周、孔禮樂亡論，若大禹河、洛而下，則秦皇、漢武亦不得而終没之也。余行粵西，見諸土官日逐干戈，糜爛其民，無時休息。民生居土州縣者，曾不及中土一猫犬蠅蟲。乃知秦始皇郡縣之功，在萬萬世也。其所全活後世人，足贖驪山、阿房、長城、五嶺數百萬命。長城今雖没，特諱其名爲邊牆，今制亦其遺也。即今所用尊君卑臣禮，亦不能易。漢武以前，兩浙、八閩、二廣咸夷也，武帝奮武撻伐，用夏變夷，於江南亦有萬世功，不得概以征伐貶之。其他則如蜀守李冰，鑿離堆導汶，至今千谿萬瀆，蜀之千里沃野賴此也。馬伏波征交南，立銅柱以誓，交、廣是處頌而祀之，即足跡未至者，亦皆表其遺蹟。諸葛孔明平南，七擒七縱，滇人至今如天威在，極緬莽萬里，猶立其碑，藉口稱漢地。餘者近或不能易世，遠或不能易姓。

物産 出於土咸造化精英所孕，其氣聚多偏。如幽、并、關、陝寒，産牛、羊、馬、駝；閩、廣熱，産荔枝；荆楚澤國，産魚；粤西瘴，産木；巴蜀多産奇物；滇雲又産珍物。蜀木有不灰，石有放光，又有空青；鹽有鹽井，油有油井，火有火井，咸水脈自成，而火出於水，尤爲奇怪。滇金、銀、銅、錫隨地而生，永、騰外又産墨石、水晶、文犀、象齒、瑪瑙[六]、琥珀、綘碧、寶石。惟東南吴、越間，止生人不生物。人既繁且慧，亡論冠蓋文物，即百工技藝，心智咸儇巧異常，雖五商輳集，物産不稱乏，然非天産也；多人工所成，足奪造化。

奇石 米元章見之，即具朝服拜，人笑其癡。余亦有石癖，游賞所及，僅僅可言。硯石，余友人張爾和以淄青金星餉余，閃爍幾混真，即《禹貢》所稱怪石，然不發墨。古今稱端溪鴝鵒，質章雙美，乃刻手無良，近日惟當龍尾佳，余素愛用之。磬石，以聲勝，古稱泗濱，今靈璧是。屏石，徐州竹葉赭紫，不甚奇，爲畏風日故。端州青白，僅分天地，亡他奇。桐柏已具山川形，尚乏巧幻。惟點蒼山水烟雲，禽魚竹樹，無所不有。計其淺深斜曲，隨形得趣，石工良巧，石質原奇，亦宇内一尤物也。山石，小者崑山，直者錦川，膩滑透漏者太湖，咸余吳、越中物，未有譚及粵西者。桂林石，方尺至尋丈，千百竅相倚，如連環翩躚欲舞，太湖失色矣。又一種如芝狀，名「靈芝盆」，俗稱「荔枝」，聲訛也，即方尺亦具河流九曲勢，可水以魚。夾水石稜稜如堤岸，樹徑寸小古樹，青葱可愛。滴成自洞乳鑿取之，余欲效陸鬱林攜數片汎海而歸，未能也。峨眉大石，卧路亦不減。咸以遐僻故，遂令太湖獨擅。

温泉　理至難曉，或稱硫黄、丹硃所積處有之，咸囈語也。如薊門、建昌、鄧川，到處咸有，然以驪山、安寧佳。驪山泉出有二穴，朔後出左穴，望後出右穴，此豈硫黄所可致否？今以暖水灌禾，禾必槁，而此水乃澆田至五里外方冷。然安寧清澈，深六七尺，毛髮都鑑。又水中蹲緑玉石，坐而浴甚佳。驪山泉出穴甚熱，到浴池正温。安寧出穴即可浴，然初浴覺稍熱，久之反温。俱無硫黄氣。楊用修强以硫黄誣驪山，豈未嘗親試耶？

聲音　八方各以其鄉土不純於正聲，難以彼此相誚也。有一郡一邑異者，亦有分大江南北異者。如巫，北爲烏，南爲扶；軒，北爲萱，南爲掀；鶴，北爲豪，南爲涸；詳，北爲瓤，南爲長；尋，北爲鐔，南爲秦。又北多以入爲平，以平爲上，如屋爲烏，烏爲塢；筆爲卑，卑爲彼。若一省一郡異者，如齊、魯發聲洪，淮、揚腰聲重，徽、歙尾聲長。又如晉以東爲敦，北爲鱉，公爲昆，風爲分，俸爲糞，兄爲薰。閩以洪爲逢，馮爲紅，虎爲甫，府爲滸，風爲蕘，文爲門，書爲疏，主爲祖。吳以何爲湖，縣爲院。余越則王黄、周州、陳秦、山三、星聲申辛、舒胥，共爲一音。然余所述特言語間尤其淺者耳，若以聲律求之，則爲辨更微，即沈隱侯韻書，人亦有謂其漸染吳音者，可見聲音之道難矣。

【校勘記】

[一] 疑：楊刻本作「疑冢」。

[二] 鏡：楊刻本作「鏡」。

[三] 一松一柏：楊刻本作「一柏一松」。

[四] 悴：楊刻本作「憔」。

[五] 焚棄之：楊刻本作「焚而棄之」。

[六] 以下楊刻本闕。

附録

明史王士性傳

士性，字恒叔，由確山知縣徵授禮科給事中。首陳天下大計，言朝廷要務二：曰親章奏，節財用。官司要務三：曰有司文罔，督學科條，王官考覈。兵戎要務四：曰中州武備，晉地要害，北寇機宜，遼左戰功。疏凡數千言，深切時弊，多議行。詔制鼇山燈，未幾慈寧宫火，士性請停前詔，帝納之。

楊巍議斥丁此吕，士性初劾巍阿輔臣申時行，時行納巍邪媚，皆失大臣誼。寢不行。時行，士性座主也。久之，疏言：朝廷用人，不宜專取容身緘默、緩急不足恃者。請召還沈思孝、吴中行、艾穆、鄒元標、黄道瞻、蔡時鼎、聞道立、顧憲成、孫如法、姜應麟、馬應圖、王德新、盧洪春、彭遵古、諸壽賢、顧允成等。忤旨不報，遷吏科給事中，出爲四川參議，歷太僕少卿。河南缺巡撫，廷推首王國，士性次之。帝特用士性。士性疏辞，言資望不及國。帝疑其矯，且謂國實使之，遂出國於外，調士性南京。久之，就遷鴻臚卿，卒。

《明史·王宗沐傳》附

康熙台州府志王士性傳

王士性，字恒叔，號太初，刑部侍郎襄裕公宗沐從子也。幼貧而好學，襄裕愛之如己子。萬曆癸酉登賢書，丁丑成進士。初授朗陵令，有異績。考選禮科給事中，伉直有聲。乙酉丁内艱歸。戊子復補。是年典試四川，以觸時忌，外轉參粵藩，副滇憲，衡文兩河，所至聞望翕然。既而内詔，歷授巡撫河南都御史，例不當辭，而士性辭，嫌於沽名，改南鴻臚寺卿，未展所藴而卒，人咸惜之。士性素以詩文名天下，且性好游，足跡遂遍五岳，旁及於峨眉、太和、白岳、點蒼、雞足諸名山。所著有《五岳游草》、《廣游記》、《廣志繹》諸書。濟北邢子願稱其邈然高厲，數器備躬，少慧如垢橐，淹博如剡子，辨異如茂先，察音如伯翳，賦如相如，文如班固，詩如甄城、平原、李白、王維。至其抗疏，又絕類汲長孺、陸敬輿。卒之用言取忌，示播外方，而乃周迴萬里，獲與中州之勝緣，則夫人情之巧於齕恒叔者，乃所以拙於謀恒叔也。屠緯真、張九一、馮開之諸公皆極相推許。祀鄉賢。

康熙臨海縣志王士性傳

王士性，字恒叔，號太初。爲諸生，讀書過目成誦。性磊落不群，不治生産，家甚貧。隆慶己巳，學使林按台，首拔異等，以天下士目之。既而游學武林，嘗以天地之英華不能鬱閟而不宣之物，而爲山川之人，而爲文章。由是慕尚子平爲人，有「小天下、狹九州」之概。作爲詩文，幽深峻削，孤情獨往。萬曆癸酉，雋賢書上，春官不第，遂入金華山，東南行二百里至仙都，經年而返。

丁丑成進士，戊寅赴確山任，過臨安，曰：「余居恒數心泉石，幾欲考卜湖畔，良緣未偶。今捧檄朗陵，念走風塵，未卜再游何日。」遂遍游武林，作《湖山六記》。既莅政，持大體，不屑屑細務。夙駕星分，著心人外。辛巳秩滿，例得代纂上閥閱，遂由宛入洛，取道登封，游嵩高，旋歷中州，行二千三百里，盡得其勝。

内陞禮科給事中，建言漕河水利諸疏，極切時弊。乙酉丁母憂。丙戌苫塊中，慨然曰：「南海之墟有二越焉，於越當其北，甌越當其南，生長台、蕩，席其山川，而山川不知，可乎？」於是入四明，渡海登補陀，轉姚江，出曹娥，走鑑湖，上禹穴。既而渡錢塘，下桐廬，過嚴陵，入蘭溪，復東南至永嘉，由樂清游雁蕩而歸。仍入天台山，結廬於華頂桃源之麓。明年以爲三吳南龍之委也，其奇秀甲天下，與二越稱，不可不以次舉。復發天台，過胥江，登虎丘，入太湖，眺金、焦、北固三山，至金陵、九華山，自白岳而返。

戊子服闋，北上駐帆濟寧，趨曲阜，觀孔子廟庭，遂由泰安登岱宗，凡齊魯之名山川，無不覽焉。入都給事禮垣，以爲漢、唐、宋五陵、曲江、艮岳、鷄鳴、牛首，非百官賜湯沐之地耶？今乃束於功令，未敢越宿出都門，徒拄笏而望西山爽氣；人生幾何，其爲消阻精神也何限矣？乃乘間而游西山。是年秋，奉命典試四川，所經燕、趙、韓、魏、宋、衛、中山之墟，無不窮覽其名勝。取道華陰，遂登華岳。出寶雞，渡渭水，入益門關。試事畢，登峨眉，題名於天門石，間道而西，復游恒岳。聞命轉廣西參議，遂自蜀入粵，道經衡陽，復游衡岳。於是五岳遍歷矣，皆天之假公時與地與官，以畢公志。

自是由粵藩轉滇臬副使。己丑赴粵，則有太和山、廬山、楚江諸記。己丑涖粵，則有《桂海志》、七星巖、獨秀山、訾家洲諸記。辛卯入滇，則有《泛舟昆明池》、《歷太華諸峰》、《游九鼎山》諸記。庚寅行部，則有點蒼山、鷄足山諸記。公蓋無時不游，無地不游，無官不游，而文章即於是燦焉耳。

癸巳陞大理寺少卿，乙未擢都察院右僉都御史，巡撫河南，例不當辭，而公力辭，遂改南鴻臚寺正卿。公意氣凌霄，一官爲寄，天下九州履其八，所未到者閩耳。諸名山自五岳而外，窮幽極險，凡一巖一洞，一草一木之微，無不精訂。他若堪輿所述、象胥所隸，千名百種，無不羅而致之筆札之間。有《五岳游記》十二卷，《廣游志》二卷行世。析津楊體元又刻其佚稿《廣志繹》六卷於武林。

公卒於萬曆戊戌，年五十有二，今祀鄉賢。子立轂，字紫芝，中萬曆丙午鄉試，授新淦令，見對簿冤號，遂解組歸。終太夫人養，即祝髮於西湖禪林。忽一日焚沐作偈，召徒衆示以去來，趺坐而逝。喬梓蓋皆煙霞中人歟！

贊曰：昔人謂臺閣之文氣雄以麗，有異於仰屋梁而攢眉者，南衡璠璵重價，揚聲鳳闕，昂霄之姿，短翮時相璞而愈光，何傷焉。以恒叔之才，黼黻廊廟，璇玉綴而韶鈞懸，其爲國華也大矣。乃滿腹瑯玕，徜徉謝屐，雕肝琢腎於煙雲巖壑之際，然文章與五岳同垂。天之報之者，已不薄耳。

光緒台州府志王士性傳

士性字恒叔，《明史·王宗沐傳》。號太初。《康熙志》。祖闇，字子樂，諸生。爲文似蘇轍，抱負不凡。嘗題書册云：「草野雕鏤慚孔孟，廟堂温飽辱伊周。伊周孔孟本吾分，肯作人間第二流？」早卒。子宗果，生士性。《秋籟閣筆談》。士性幼貧而好學，宗沐愛如己子。萬曆五年成進士，授確山知縣。《康熙志》。按奸豪夙盜，悉寘諸法。議四禮，以易鄙俗。刑部郎艾穆以論張居正謫戍過縣，士性留署中爲治裝。或諷以禍，勿顧。居五年，《續台考》。徵授禮科給事中。首陳天下大計，言朝廷要務二：曰親章奏、節財用；官司要務三：曰有司文綱、督學科條、王官考覈；兵戎要務四：曰中州武備、晉地要害、北寇機宜、遼左戰功。疏凡數千言，深切時弊，多議行。詔製鼇山燈，未幾慈寧宫火，士性請停前詔，帝納之。尚書楊巍議出丁此吕，士性劾巍阿輔臣申時行，時行納巍邪媚，皆失大臣誼，寢不行。時行，士性座主也。久之，疏言朝廷用人，不宜專取寄身緘默、緩急不足恃者。請召沈思孝、吴中行、艾穆、鄒元標、黄道瞻、蔡時鼎、聞道立、顧憲成、孫如法、姜應麟、馬應圖、王德新、盧洪春、彭遵古、諸壽賢、顧允成等，忤旨不報。《史傳》。又嘗言河南北當設官募兵，隨地練習，以防意外。人皆笑爲迂，未幾果有陳金、王自簡之變。内艱服闋，值遣官視黄河。士性言，自徐而下，河身高而束以隄，隄與城平，委全力於淮，而淮不任，黄水乘運河如建瓴，高、寶、興、鹽諸生民咸託之一丸泥，不如復故道。考故道由桃源三義廟達華家衝，與淮合在清河縣北，别有濟運一河在縣南，蓋支河耳。河强奪支河而南，而自棄北流之道。然河形固在，自桃源至瓦子灘九十里，地不耕，無廬墓之礙，而開河費稍倍，然一勞永逸，祖陵、淮城俱無患也。至濬海口之説亦非，是海低於河，河淤非海之罪。章上，卒不行。《續台考》。遷吏科給事中。《史傳》。十六年典試四川，即遷四川參議，未任。移廣西，建懷遠、荔波二縣城。晉雲南瀾滄兵備副使。鹽州賈險健爲土人患，士性立刷其弊。麗江産金，其土府黠悍，祖、父皆相弒襲，以助餉加參政，命已下，士性爲駁罷之。改河南提學，晉山東參政。二十三年召爲太僕少卿，提督京營。《續台考》。河南缺巡撫，廷推首王國，士性次之。帝特用士性，士性疏辭，言資望不及國。帝疑其矯，且謂國實使之，遂出國於外，調士性南京。久之，遷鴻臚卿，卒。《史傳》。年五十二。《續台考》。士性素以詩文名天下，且性好游，足迹遍五岳，旁及峨眉、太和、白岳、點蒼、鷄足諸名山。著有《五岳游草》、《廣游記》、《廣志繹》、《康熙志》。《玉峴集》。《千頃堂書目》。祀鄉賢祠。《康熙志》。子立轂，字紫芝，萬曆三十四年舉人。《康熙縣志》。任樂清教諭，推一時師表。《温州府志》。陞新淦知縣，見對簿寃號，遂解組歸。终母養，即祝髮西湖禪林。《康熙縣志》。

民國臨海縣志王士性傳

王士性，字恒叔，號太初，宗沐族子。貧而好學，過目不忘，有巨卿厚其匳將壻之，却弗顧。萬曆丁丑進士，授確山知縣。按奸豪夙盗悉寘諸法，議四禮以易鄙俗。刑部郎艾穆以論張居正謫戍過縣，士性留署中爲治裝。或諷以禍，仍勿顧。居五年，徵授禮科給事中。首陳天下大計，言朝廷要務二：曰親章奏、節財用；官司要務三：曰有司文網、督學科條、王官考覈；兵戎要務四：曰中州武備、晉地要害、北寇機宜、遼左戰功。疏凡數千言，深切時弊，多議行。詔製鼇山燈，未幾慈寧宫火，士性請停前詔，帝納之。尚以丁此吕改官，劾杨巍阿輔臣申時行，時行納巍邪媚，皆失大臣誼。時行，士性座主也。又疏言朝廷用人，不宜專取容身緘默、緩急不足恃者。請召還沈思孝、吳中行、艾穆、鄒元標、黄道瞻、蔡時鼎、聞道立、顧憲成、孫如法、姜應麟、馬應圖、王德新、盧洪春、彭遵古、諸壽賢、顧允成等。忤旨不報。又嘗言河南北當設官募兵，隨地練習，以防意外。人皆笑爲迂，未幾果有陳金、王自簡之變。内艱服闋，值遣官視黄河。士性言，自徐而下，河身高而束以隄，隄與城平，委全力於淮，而淮不任，黄水乘運河如建瓴，高、寶、興、鹽諸生民咸託之一丸泥，不如復故道。考故道由桃源三義廟達華家衝，與淮合在清河縣北，别有濟運一河在縣南，蓋支河耳。河强奪支河而南，而自棄北流之道。然河形固在，自桃源至瓦子灘九十里，地不耕，無廬墓之礙，而開河費稍倍，然一勞永逸，祖陵、淮城俱無患也。至清海口之説亦非是，海低於河，河淤非海之罪。章上，卒不行。遷吏科給事中。戊子典試四川，即遷四川參議，未任，移廣西，建懷遠、荔波二縣城。晉雲南瀾滄兵備副使。撫州賈險健爲士人患，士性力刷其弊。麗江産金，其土府黠悍，祖、父皆弑襲，以助餉加參政，命已下，爲駁罷之。改河南提學，晉山東參政。乙未召爲太僕少卿，提督京營。河南缺巡撫，廷推首王國，士性次之。帝特用士性，士性疏辭，言資望不及國。帝疑其矯，且謂國實使之，遂出國於外，調士性南京。久之，遷鴻臚卿，卒。年五十二。士性素以詩文名天下，且性好游，足迹遍五岳，旁及峨眉、太和、白岳、點蒼、鷄足諸名山。著有《五岳游草》、《廣游記》、《廣志繹》、《玉峴集》。祀鄉賢祠。《明史》，參《續台考》、《府志》。子立轂，字伯無，号紫芝，萬曆三十四年舉人。《府志》。任樂清教諭，推一時師表。《温州府志》。陞新淦知縣，見對簿寃號，遂解組歸。终母養，即祝髮西湖禪林。《洪志》。

四庫全書總目提要

《廣志繹》五卷，《雜志》一卷。編修汪如藻家藏本

明王士性撰。此書又於《五岳游草》、《廣游記》以外，追繹舊聞，以補未及者也。首爲方輿崖略，次兩都，次諸省，附以《雜志》。其《四夷輯》一種，列目於雜志之前，然有録無書，注曰「考訂嗣出」，蓋未刊也。凡山川險易、民風物産之類，巨細兼載，亦間附以論斷。蓋隨手記録，以資談助，故其體全類説部，未可盡據爲考證也。

《黔志》一卷。編修程晉芳家藏本

明王士性撰。曹溶收入《學海類編》中。覈其所載，即士性《游記》中之一篇[一]。書賈摘出，别立此名以售欺者也。

《豫志》一卷。編修程晉芳家藏本

明王士性撰。亦其《五岳游草》之一篇[二]，曹溶摘入《學海類編》者也。

《四庫全書總目》卷七八存目

台州外書廣志繹書録

《廣志繹》五卷，王士性撰。《游草》記山水勝境，此書則兼志山川形勝、要害、河海運道及五方人情土物，尤爲有益經世之學，非但緒餘足供多識而已。乃恒叔晚年之作。其稿先流落四明，楊莊持得之[三]，屬署奉化令楊體元付梓，因兵燹失去，繼重得録本於李氏。以《游草》内《雜志》二篇有《廣志繹》所未備者，並附梓之。體元自序其刻書顛末如此。

《台州外書》卷七《藝文》

清楊刻本廣志繹跋

《廣志繹》六卷，明天台王士性撰，康熙丙辰（一六七六）刊本。據楊序，是書雖有萬曆馮夢禎序及王自序，但在明代實未鎸板。書共六卷，第六卷《四夷輯》，刊書時已有所顧忌，故抽出未刻，僅於卷末下注「考訂嗣出」，諒亦未嘗「嗣出」，蓋可必也。因少此一輯，致不足六卷之數，楊氏乃從王著《五岳游草》中抄附《雜志》，以強湊成卷數耳。第三卷中匈奴之「奴」字及「虜」字，皆作墨釘，正避清人忌諱之故。其卷末「山西互市」一節，亦有目無文，是與不刊《四夷輯》同一意也。書末有缺頁，致佚「奇石」、「温泉」、「聲音」三節。是書對地志及明代掌故多所補拾，然亦有淺陋之處，則又明人著作之通病，無足怪者。王撰《五岳游草》，予藏一清鈔本，一後印本，並志於此。成都李一氓記，五九年夏日於都門寓樓。

齊魯書社《四庫存目叢書》史部第二五一冊

【校勘記】

[一][二]《黔志》、《豫志》皆《廣志繹》中之一篇，四庫館臣所云，誤。

[三] 楊莊持：爲「楊齊莊」之誤。蓋康熙《台州府志》所録楊體元序先誤爲「持莊」，戚氏再倒誤爲「莊持」也。